上好微班会的36招

（小学卷）

丁如许·主编

CS 湖南人民出版社·长沙

序：上好魅力微班会

丁如许

近年来，随着生活的发展、教育的改革，召开微班会（微型主题班会的简称）成为许多班主任的治班策略，更是许多学校加强德育工作的重要抓手。

“微而有谓”“微而有味”“微而有位”“微而有为”。校与校之间、老师与老师之间对微班会经验的交流与分享，推动了微班会的研究不断发展。

我和我的团队也对微班会做了比较深入的研究。我们对为什么要上微班会、微班会如何策划选题、上好微班会的基本方法、上好微班会要注意的事项、微班会研究的发展方向等课题做了研究。自2016年以来，我和我的团队在全国二十多个省、自治区、直辖市上过200多节微班会课，在《德育报》《新班主任》等报刊发表了300多篇微班会教育故事，华东师范大学出版社出版了我主编的《魅力微班会》《创新微班会》。应该说，我们的研究成果在全国范围内产生了积极的影响。

为了展示微班会研究的最新成果，我们决定先从小学入手，编写一本能满足小学班主任需要的微班会研究专著。在体例方面，每篇文章采用招数加案例的结构，按照“是什么”（定义）、“为什么”（优点、特点）、“怎么做”（具体方法、注意事项）的模块来阐明招数，然后附上案例。这种招数与案例相结合的编写模式，能让班主任学思路，学方法，学操作，让班主任掌握上好微班会的实招、高招、有效招。

在写招数时，我主张语言要生动，每个招数用7个字表达。如“身边小事莫放过”“学习文件心有数”“紧跟时代大风云”“热点话题来讨论”，等等。这样写朗朗上口，易学易记。在选案例时，我推荐使用《德育报》《新班主任》发表过的微班会教育故事，这样能保证文章的质量。全书共有36招和64篇微班会教育故事，再加上1篇成长汇报，总计101篇。我想，应该可以满足大多数班主任的基本需要，而对于那些想进一步研究的班主任来说，则可以从中获得更多的启迪。

2021年12月31日，我发出《上好微班会的36招》（小学卷）征稿函后，全国各地许多班主任都踊跃申报各自的选题。许多班主任工作室积极响应，如成都市双流区李琴名班主任工作室、雅安小学名班主任工作坊、陕西西咸新区沣西新城第四学校班主任工作室都参与了选题的竞选活动。最后，我们精选了36个招数，并确定了稿件的撰写人。

非常感谢班会课研究共同体的成员单位承担了主要的写作任

务。特别是第十四届全国中小学班会课专题研讨现场会承办单位河北石家庄金柳林外国语学校、第十五届全国中小学班会课专题研讨现场会承办单位湖南岳阳岳阳楼区中小学班主任名师工作室、第十六届全国中小学班会课专题研讨现场会（因疫情延期中）承办单位陕西西咸新区沣西新城第四学校，他们都承担了较多的写作任务。而我所在的上海新纪元教育集团的9个小学名班主任工作室更是勇挑重担，承担了18个课题的写作。同时，也要感谢《德育报》《新班主任》报纸杂志社和有关作者的大力支持，同意选用有关文章，有的作者还特意为此做了必要的修改。

这本书在成稿之际，我们正在以习近平同志为核心的党中央坚强领导下，进行一场疫情防控的人民战争。许多作者老师身兼数职，特别忙碌，但他们研究不停步，写作不懈怠，在这里我要向他们表示衷心的感谢和崇高的敬意！

这本书凝聚了老师们的思想精华和实践经验，希望它能有助于分享智慧、探寻规律，帮助老师上出更多更好的微班会，谱写出更多更精彩的教育篇章！

2022年4月30日

目 录

序：上好魅力微班会 /丁如许 001

第1招
身边小事莫放过 / 赵　红

链接1 你们家就一辆车吗（生活攀比话题）
/ 张　伟 005

链接2 书包里的争吵（学习习惯话题）
/ 潘雪慧 008

第2招
学习文件心有数 / 丁如许

链接3 孩子，你不是一条鱼（安全教育话题）
/ 谢瑞蕾 015

第3招
紧跟时代大风云 / 王　莉

链接4　奋斗吧，少年（党史教育话题）
/ 谢瑞蕾　023
链接5　都是“抖音”惹的祸（网络使用话题）
/ 蔡茉莉　026
链接6　老大的烦恼（家庭矛盾话题）
/ 张　明　028

第4招
热点话题来讨论 / 汤　黎

链接7　光盘，我们可以这样做（节约粮食话题）
/ 黄　静　036
链接8　为它撑起保护伞（保护视力话题）
/ 郑兆婷　039

第5招
节日契机要抓牢 / 李　琴

链接9　夸夸我的好妈妈（感恩母亲话题）
/ 谢瑞蕾　047
链接10　九九重阳敬老情（尊老敬老话题）
/ 谢士波　050

链接11 110，向人民警察致敬（敬业担当话题）
/ 谢瑞蕾 054

第6招
网上视频巧运用 / 谢瑞蕾

链接12 加油，同学们（努力奋斗话题）
/ 谢瑞蕾 063
链接13 我们好好玩（校园安全话题）
/ 王　庆 066

第7招
自拍视频也精彩 / 陈庭娟

链接14 出操都要讲规范（出操行规话题）
/ 邹小苑 072

第8招
名人故事作引领 / 王　琼

链接15 做一粒好种子（理想教育话题）
/ 李　婷 081
链接16 天空在脚下（坚持努力话题）
/王　庆 083

第9招
学生故事常分享 / 孙　萍

链接17　偷偷长大的龟背竹（责任教育话题）
/ 吕若怡　090

链接18　催开自信之花（自信教育话题）
/ 韩春梅　093

链接19　谁是英雄（英雄教育话题）
/ 徐晓彤　096

第10招
绘本故事来助力 / 冯姗姗

链接20　我有一群"想吃苹果的鼠小弟"（挫折教育话题）
/ 王　庆　103

链接21　我最闪亮（团队精神话题）
/ 谢瑞蕾　106

链接22　我不随便拿别人东西（对待错误话题）
/ 郑兆婷　109

第11招
师长故事说一说 / 吕若怡

链接23　少年，你的梦想呢（理想教育话题）
/ 吕若怡　117

第12招

说文解字有乾坤 / 谷鲁杨

链接24 打喷嚏有讲究（讲究卫生话题）

/ 郑兆婷 124

第13招

小小实验显神威 / 潘雪慧

链接25 小实验，大科学（科学精神话题）

/ 潘雪慧 132

第14招

善打比方明道理 / 陈央娟

链接26 晃动水瓶的启示（自修学习话题）

/ 徐健英 140

链接27 做一杯“纯净水”（同学相处话题）

/ 陈真真 143

第15招

简易活动体验深 / 方　圆

链接28 教室里的悦耳分贝（文明习惯话题）

/ 谢瑞蕾 151

链接29 穿针与引线（集体意识话题）
/ 王程程 154
链接30 限时拍手（学习松懈话题）
/ 滕延红 157
链接31 今天我在家（居家安全话题）
/ 黄竹阳 160

第16招
情景模拟促思辨 / 吴 哲

链接32 阿姨，您好（文明礼仪话题）
/ 杨 丹 169

第17招
头脑风暴汇聚力 / 张 宇

链接33 我们班的“清单革命”（班级管理话题）
/ 胡 敏 176
链接34 我们这样吃加餐（班级管理话题）
/ 李 华 180

第18招
精彩图片要用好 / 李晓倩

链接35 我不是“怪人”（人际关系话题）
/ 何婷婷 188
链接36 教室里的调音师（文化学习话题）
/ 喇成艳 191

第19招
古诗名句开心智 / 刘霞辉

链接37 子在巢中望母归（敬畏生命话题）
/ 刘霞辉 199

第20招
成语变化巧运用 / 何婷婷

链接38 出口不成“脏”（文明举止话题）
/ 谢瑞蕾 206
链接39 “谣”不可“言”（集体舆论话题）
/ 谢瑞蕾 209

第21招
诵读儿歌好处多 / 呼东东

链接40 小厕所里的大文明（行为习惯话题）
/ 潘雪慧 217

第22招
善用金句激励人 / 郑兆婷

链接41 你在服务区吗（课堂学习话题）
/ 李 华 224

第23招
奖励虽小立奇功 / 虞琼慧

链接42 嗨哟，嗨哟，小书包（学习习惯话题）
/ 刘 婵 230
链接43 惊喜（鼓励学习话题）
/ 孙永灿 233

第24招
用好仪式也重要 / 邢洪波

链接44 和坏习惯来一场告别仪式（行为习惯话题）
/ 金小正 240

第25招
巧借失败促成长 / 刘　玲

链接45　错失“三连冠”之后（面对挫折话题）
/ 廖晓敏　248
链接46　输与赢（面对挫折话题）
/ 李　静　251

第26招
偶发事件要重视 / 何晓敏

链接47　“黑人抬棺”的思考（生命教育话题）
/ 李　琴　259
链接48　磕掉了门牙（安全教育话题）
/ 李文娟　262
链接49　碎玻璃与手（安全教育话题）
/ 谭凤萍　265
链接50　把掉下的链子装上去（团队任务话题）
/ 方晨敏　268

第27招
常规教育反复抓 / 张海宁

链接51　一次特别的体验（课前准备话题）
/ 郑　会　276

链接52 怎么这么多作业（完成作业话题）
/ 朱君悦 278

链接53 回收“碎时”有高招（珍惜时间话题）
/ 王　茜 282

链接54 消失的“纸团君”（教室卫生话题）
/ 赵　皎 284

第28招
疑难问题勇挑战 / 杨谨坤

链接55 你若盛开，蝴蝶自来（朦胧早恋话题）
/ 谢瑞蕾 292

链接56 支持是一种爱（购物选择话题）
/ 张兰花 295

链接57 “爸爸叫我打回去！”（同学相处话题）
/ 黄琼慧 299

第29招
打破常规有新意 / 严　雪

链接58 学会放弃　同样精彩（团队合作话题）
/ 赵　璐 306

第30招

用心切入角度巧 / 郑　会

链接59　小手绘出国旗红（爱国教育话题）

/ 黄苗苗　314

第31招

以我真心换真心 / 林儒燕

链接60　不是第一名也没关系（考试成绩话题）

/ 潘雪慧　323

第32招

未雨绸缪做在先 / 李　甜

链接61　共享单车　共守安全（交通安全话题）

/ 申金艺　330

第33招

家校携手成合力 / 周　洁

链接62　爸妈常对我这样说（家庭教育话题）

/ 蒋相兵　336

第34招
学生也可挑重担 / 廖晓敏

链接63 我们的收获（历练成长话题）
/ 廖晓敏 343

第35招
他山之石可攻玉 / 单洪涛

链接64 冬之韵（传统文化话题）
/ 陈 丽 350

第36招
潜心研究招无限 / 陈 蕾

链接65 班会小白成长记
/ 谢瑞蕾 359

第 1 招

身边小事莫放过

山东潍坊新纪元学校·赵　红

著名教育家马卡连柯说过："教育工作中没有小事，最好的教育工作是不可忽略细节与小事的。"的确，教育无小事，事事皆教育。对于班主任来说，每天都有许多小事要做，许多小问题要解决。

纷纭复杂的小事中，孕育着教育的素材和机会。班主任要迅速捕捉、及时选择，经过考量和准备，对学生进行教育。而微班会就是一个很好的方式。这一"见机而作"的方式能使许多小问题得到及时解决，使学生明辨事理，促进其自我教育。我们要抓住这种稍纵即逝的机会，千万不能错过。

怎样做到身边小事莫放过呢?

一、目光敏锐，及时发现"小事情"

小学班主任与孩子们朝夕相处，并且融入孩子们的学校生活中。班主任要有一双鹰眼，明察秋毫，敏锐地发现身边的"小事情（小问题）"，及时召开微班会把问题解决在萌芽状态。一次迟到，一次不交作业，一次忘戴红领巾，班主任应及时了解，及时开展教育。本文链接的微班会《你们家就一辆车吗》，班主任张老师从两个孩子在校门口的对话中发现有炫富、攀比的苗头，于是及时召开微班会给予必要的指导。

当然小事情不都是“小问题”，也可以是小的闪光点。如某班有个“皮大王”，平时自由散漫，学习成绩差，对其进行多次谈话交流和批评教育，但收效甚微。但在一次大扫除中，他表现积极，主动要求爬上窗台，擦最难擦的玻璃。班主任看在眼里，记在心里，及时召开了“他真了不起”的微班会，这位同学由此迈开了前进的步伐。

班主任敏锐的眼光，不是一朝一夕练成的，需要在工作中不断历练。实践证明，什么样的班主任就会带出什么样的班。班级的面貌与班主任日常管理的眼光、要求有着密切的关系。我们需要加强学习。

二、言传身教，认真对待“小事情”

班主任要解决好“小事情”，需要言传身教，指导学生从小事做起，让学生养成良好的习惯，让学生认识到“小事不小”、从小事做起的重要性。小学生捡到东西是常事，小到一块橡皮、一支铅笔，大到几元钱、一把钥匙等，当学生兴奋不已、郑重其事地把这些东西交给老师时，有时换来的只是班主任淡淡的一句：“放这吧。”如果班主任对学生的拾金不昧不能及时处理，学生得不到应有的表扬和赞许，这样不利于学生良好品格的形成。反之，如果班主任及时召开微班会进行表扬，效果会迥然不同。由此可见，一句表扬、一个微笑、一点关怀，这些看似不起眼的小事，却对学生有着深远的影响。我们要善于在琐碎的工作中寻找教育的契机，从每一件简单的小事中挖掘教育的意义，让每一件平凡的小事都体现教育的价值。

在本文链接的微班会《书包里的争吵》中，班主任潘老师发现“一年级已开学两个多月了，还是经常有学生在交作业时才发现忘记带书本、作业本”等问题，决定召开微班会，讲述“书包里的争吵”的故事，通过做示范、言传身教，鼓励学生养成自己整理书包的好习惯。

而更多好习惯的训练和养成，在于班主任平时的一言一行，一举一动。我们要求学生在升旗仪式时不随便讲话，不做小动作，班主任、任课老师都应该做出好样子。我们要求学生“说普通话，写规范字”，班主任也应该说好普通话，写好规范字。在班主任以身作则、言传身教的影响下，发现“小事情”，重视“小事情”，及时召开微班会，就能收到好的效果。

三、加强研究，善于解决“小事情”

“教育无小事。”要把小事处理好，还需要班主任加强研究，从小事入手，引导学生不断成长。

作为班主任，首先应该做到了解学生。任何小事的发生都有特定的缘由。只有不断深入地了解学生，掌握好学生各方面的特点，才能根据学生的具体情况有的放矢地对学生进行教育，才能达到事半功倍的效果。

除了要了解学生的学习状况和思想动态，还要了解学生的家庭状况。有些看似“不经意”的小事，蕴藏着家庭的“秘密”。比如学生的学习情绪低落，可能与家中添了弟弟或妹妹有关系，而且这已不是个别现象。如果及时召开微班会《老大的烦恼》，对学生来说是很好的疏导。作为班主任，我们要学会“小题大做”，要认真研究，抓住每一件小事，把它们都变成教育孩子、影响孩子的机会。

在学校生活中，随时随地都会出现一些看似平凡的小事，虽是小事，却对学生有着重要的影响，所以，我们一定要坚持“身边小事莫放过”。

·链接1·

你们家就一辆车吗

（生活攀比话题）

浙江瑞安市新纪元小学·张　伟

“嗨，你今天返校挺早啊，你们家那辆老捷达车速还挺快，路上太堵了，我爸在后面想超都没超过。我说你们家就那一辆车啊，怎么你爸老是开那一辆车？”

“啊，怎么了，就你家车多！”

听到这一番刺耳的对话，我猛地回头想看看是谁。转过身一看，原来是我们班的小涛和小墨，于是下意识地让他俩快点走，上课铃声马上就要响了，顺便批评了句“小涛你怎么总是踩着点来”，想要让他的虚荣心收敛一些，哪料他却说：“老师，我爸爸的车很快的，而且我也没迟到啊！”

一路走着，我的心里很不是滋味。想着想着，主意来了。进班后，我决定在自修课上开一次微班会，纠正一下班级里正在滋长的攀比之风。

“同学们，你们今天上学是怎么来的？”这个问题一提出，班上就沸腾了。

“老师，我家近，我走着来的。”“我坐公交车上学的，爷爷送我上公交车。”“老师，我妈妈开车送我上学。”“老师，我爸爸开车送我上学。”“我搭其他同学的顺风车来的。”大家你一言我一语地抢着说。

“老师，我爸爸在每个返校日都会开车送我上学。”这时小涛发言了，他还补充道，“我们家的车可好了，比小墨家的老捷达车好多了。”

小墨听了，脸上红一阵，白一阵，有说不出的尴尬。

小苏仗义执言：“你嘚瑟啥？你还没人家学习成绩好呢，不就是你家有钱么，有啥可嘚瑟的？”

我笑道：“同学们，我们先把这个问题放一放，老师给大家讲一个故事好不好，我们一起来听一下。”

我告诉孩子们，南美洲有一种鸟，全身翠绿，还有一圈圈灰色纹理，就像一圈圈波浪，所以得名翠波鸟。翠波鸟虽然美丽，但它每天忙忙碌碌都在筑巢。它的巢穴特点是大，一个个架在树上，好像是巨大的豪宅。可是翠波鸟很小，它们为什么要建造比自己身体大几倍甚至十几倍的巢穴呢？原来这种鸟非常喜欢攀比，单独一只鸟建造了适合自己住的巢就会停工，但多只鸟在一起，它们就会不停地筑巢，互相攀比，巢越建越大。几天过后，一起筑巢的鸟先后都累死了，剩下最后一只翠波鸟，才会停止筑巢。又来了新鸟后，原来那只没有累死的翠波鸟又会开始参加筑巢比赛，直到再次剩下最后一只鸟。

“同学们，你们觉得翠波鸟为什么会死呢？”我问道。

“因为攀比。”

“为什么攀比会累死翠波鸟呢？”我又问。

“因为翠波鸟不切实际，本来巢够住了，还非要比别人筑得更好。”

“因为翠波鸟其实没有那么大的能力，一定要攀比，永远都会有人比它更好。其实有些事是不需要攀比的。就像我们每天来上学，我们的目的地都一样，坐什么车来重要吗？”我的目光转向了小涛。

“不重要。”小涛低声说。

“小涛，你爸爸的车虽然很好、很豪华，但那是你爸爸奋斗得来的。而且如果有其他家长的车比你爸爸的车更好，你还要一直比下去吗？”

“不要。”小涛语气坚定地说。

“看来你明白了，不论是翠波鸟还是我们，不要不切实际地去攀比，今天攀比一辆车，明天攀比另一辆车，那我们就容易像翠波鸟一样累死，你们说对吗？现在我们班上有些同学过多关注物质的攀比，比如穿什么鞋、戴什么手表，其实真没有必要。我们必须将精力用在学习上。”

“老师，我记住了，我也不会去攀比的。”小墨说。

“老师，我也不会攀比的，要比就比学习。”小苏说。

“说得对。我们现在是学生，要比就比学习，这是我们自己能够做到的。当然，老师也祝愿你们长大以后，通过自己的努力，开上好车，而且开的车越来越好！”

我笑着说，全班同学也都笑了。

·链接2·

书包里的争吵

（学习习惯话题）

浙江瑞安市新纪元小学·潘雪慧

一年级已开学两个多月了，还是经常有学生在交作业时才发现忘记带书本、作业本，有的火急火燎地在小书包里找寻；有的翻了老半天都找不到，只好哭着寻求家长的帮助；还有的这时候才想起来，自己的本子落在了家里，总有家长无奈地往返于学校与家之间……

其实在开学时，我已经三番五次地交代家长，尽量让孩子们自己的事自己做，帮助他们树立责任意识，提高自我管理能力，培养他们的良好习惯。可是很多家长总觉得孩子还小，生怕累到孩子，所以很多事情还是选择帮着孩子做。有时家长一忙，忘了帮忙，结果就乱套了。

学生这种丢三落四的毛病让我意识到事情的严重性，于是我有心设计这样一节微班会。

上课铃声响起后，我便给学生讲起了故事，故事的题目是——听听书包里的争吵。

你们能听到书包里的声音吗？每当夜幕降临的时候，小明的书包里就吵闹不停，我们都来听听它们的心声吧。最先嚷开的是书包：“唉，我吃的东西是越来越多了！像个垃圾桶一样。”

听到这，铅笔按捺不住，大声喊起来：“你这算什么啊，小主人一会儿把我扔到最底层，一会儿又把我随意地夹在书本里，我都不知道有多久没好好地躺在笔袋里休息了。”

“你只想着自己的苦恼，可你想过我没有？小主人经常随意地把我扔在桌子上，有时甚至都忘了带我去学校，太不把我当回事了！”书本也发起了牢骚。

听到这么热闹的议论，橡皮也说道：“小主人对我也很不好！他老是忘记把我放回笔袋里，你看我现在浑身脏兮兮的。”

大家七嘴八舌地说着。说了好多好多。

“就是改不掉！哎！”不知谁叹息了一声，然后就是一阵久久的沉默。

故事讲完后，我开始提问：“同学们，听了它们的争吵，你们有什么感想，和老师说说。”

“老师，文具是我们的好朋友，我们应该好好地爱护它们。”小红大声地说。

“我们应该及时整理好文具，不乱丢，不乱放。”“我以后做完作业要记得把作业本、课本及时放回书包里。”“老师，这个小主人把书包弄得乱七八糟，最后书本、铅笔都叫苦连天了，我们不能学他。”学生们争先恐后地回答。

“是啊，书包是我们读书的好伙伴，我们应该把书包整理得干干净净，书本放得整整齐齐，让我们的书本和文具都舒舒服服地住在里面。学会整理书包是学习取得进步的第一步！我们小朋友都要学会整理自己的书包。”

说着，我做起了示范：先把大书、小书、本子和文具盒放到一边，再把大书和小书一起放进书包里，然后把本子和文具盒放进书包里，最后把水壶放进书包侧面的小包里。

孩子们知道如何整理书包了，但光看不做可不行。于是我让孩子们来一次比赛。

“现在请小朋友把书包里的东西都放在桌子上，快速地整理书包。看谁整理得又快又好。准备，开始！”

孩子们紧张地动起来，很快就整理好了。

“在刚才的比赛中，有些小朋友整理得又快又好，谁愿意把整理好的书包拿上来展示给大家看？”

小军、小微背着书包走上讲台，兴奋地展示了他们整理好的书包。

“现在大家都学会了用自己的双手让书包变得更整齐，老师为你们骄傲。那今后小朋友是自己整理书包，还是让爸爸妈妈继续帮你们整理呢？”

“自己！”

“作业能不能忘带？”

“不能！”

孩子们的声音响亮而自信，清脆而喜悦。我相信今天的课将会有力地推动他们把自己的事情做实做好。

第 2 招

学习文件心有数

上海新纪元教育集团 · 丁如许

作为班主任，应该增强“为党育人，为国育才”的责任意识，在自己的电脑内建立一个文件夹，这个文件夹可命名为“政策夹”，专门用来收集习近平总书记的重要讲话，收集党和中华人民共和国教育部以及地方教育行政部门的重要文件，认真学习，把握好工作的重点。

首先要认真学习习近平新时代中国特色社会主义思想。作为班主任特别要认真学习习近平总书记关于教育的重要讲话，把握教育的定位、根本任务，牢记好老师、好课的标准，把习近平总书记的殷切希望化为扎实的行动。要把习近平总书记的许多金句作为师生行动的指南，牢记并落实“新时代属于每一个人”“幸福都是奋斗出来”“要如饥似渴、孜孜不倦学习”“革命事业要一代一代传下去”等许多精彩论述。

其次要认真学习重要的德育文件。如《中小学德育工作指南》《中小学文明礼仪教育指导纲要》《中小学心理健康教育指导纲要》《中小学公共安全教育指导纲要》《完善中华优秀传统文化教育指导纲要》《新时代爱国主义教育实施纲要》《大中小学劳动教育指导纲要》《中小学教育惩戒规则》等。这些文件有一个显著特点，就是有“指南”“指导纲要”“实施纲要”“规则”等关键词，这些关键词都凸显了文件的重要性。

特别要认真学习《中小学德育工作指南》。教育部在发布该文件时，强调该文件“是指导中小学德育工作的规范性文件，适用于所有普通中小学。各地要加强组织实施，将《指南》作为学校开展德育工作的基本要求，纳入到校长和教师培训工作中，并将其作为教育行政部门对中小学德育工作督导评价的重要依据，进一步提高中小学德育工作水平。”班主任必须带头认真学习，积极组织落实。

我经常跟老师们交流，学习习近平新时代中国特色社会主义思想，学习重要的德育文件，有助于明确工作方向，把握工作重点。我们不需要对有关文件倒背如流，但应该在需要时将文件找出来看一看，学一学，查一查，想一想，怎样做才能做得更好。

这一点目前许多班主任都做得不够好，我在很多地方与当地的班主任交流时，不少班主任连“德育工作的主要内容是什么”都回答不出来，很难想象他（她）们如何积极、主动地开展德育工作。因此我们必须意识到加强德育工作的重要性。

而许多德育文件在指导教师如何开展工作时，分学段提出了具体的要求，这有利于我们加强工作的针对性，减少盲目性，避免眉毛胡子一把抓。如《中小学文明礼仪教育指导纲要》明确了小学不同年级文明礼仪教育的要求：

小学1—3年级文明礼仪教育的主要内容

（一）个人礼仪

●知道常用的礼貌用语。

●掌握正确的形体姿态，养成良好的坐、立、行的习惯，保持正确的读书、写字姿势。

●知道保持服装整洁，爱清洁、讲卫生。

（二）交往礼仪

●能恰当、得体地称呼他人。

●懂得尊重父母，对长辈有礼貌。

●尊敬老师，尊重老师的劳动。

●知道同学之间应互相关心、互相帮助，友好相处。

●知道待客、做客的基本礼节。

●遵守秩序，轻声交谈，不打扰他人。

●遵守公共交通规则，不闯红灯。

●掌握肃立、注目礼、少先队队礼等礼仪。

小学4—6年级文明礼仪教育的主要内容

（一）个人礼仪

●掌握问候、致谢或致歉等礼貌用语。

●掌握微笑、点头、鞠躬等常用体态语。

●了解我国的传统节日礼俗。

●了解并尊重少数民族的风俗习惯。

（二）交往礼仪

●孝敬父母长辈。

●学会倾听他人。

●知道餐桌上的基本礼仪，文明就餐。

●掌握接打电话的礼貌用语。

●做到集会时按时入场，遵守会场要求。

●遵守公共场所的礼仪规范，做文明游客、文明顾客、文明乘客、文明观众。

明确不同年级工作的要点，就可以根据工作重点，根据班级实际，设计、上好精彩的微班会课。而及时下达的专项工作文件，比如预防溺水、垃圾分类、预防和治理校园欺凌、加强心理健康教育等文件，更是我们发挥微班会轻骑兵作用的机会。本文链接的微班会《孩子，你不是一条鱼》就是在有关文件下达后，根据文件的指示要求迅速采取的行动。

如果说“身边小事莫放过”，是关注学生问题的解决，那么做到“学习文件心有数”，则是预防问题的发生。通过文件学习，才能明确方向，做到“心中有数”。

·链接3·

孩子，你不是一条鱼

（安全教育话题）

浙江武义新纪元双语学校·谢瑞蕾

“池塘边的榕树上，知了在声声叫着夏天。操场边的秋千上，只有蝴蝶停在上面……”学校的广播里循环播放着《童年》这首歌曲，预示着暑假快要来了。

随着夏天的来临，中小学生溺水事故也进入了高发期。县教育局及时转发了教育部的有关文件。仔细浏览后，为了保证孩子们的生命安全，加强孩子们对防溺水知识的了解，培养学生珍爱生命的意识，我决定在放假前开展“孩子，你不是一条鱼”的微班会。

我先在网上搜集了防溺水的相关资料，从中挑选出需要学生记忆的内容制作成课件，然后找好有关防溺水的微视频，做好充足的准备工作。

“耶，我们放假咯！”休业式结束后，孩子们在教室里兴奋地叫嚷着。

“放假了，你们想做些什么？”我假装随口一问。

“我要去游泳！”“我也是！”“我也是！”

“可是——你们并不是一条鱼呀！”

听完我说的话，孩子们咯咯咯地笑了起来。

瞬间，我的表情变得很严肃，点开屏幕示意孩子们安静地坐下，一起上本学期最后一节微班会课。

“孩子们啊，也许你们会游泳，但请记住你们不是鱼，你们没有像鱼一样的鳃能够在水里自由地呼吸，溺水意外离你们并不遥远。你们知道哪些地方常常会发生溺水吗？”我认真地问。

“小河、小溪、水塘、水库、游泳池。”小陈一口气说了五个地方。

“是的，只要有水的地方，就有可能发生溺水。如果是你，你觉得去哪里游泳会比较安全呢？”我又问道。

“游泳馆吧，因为里面有救生员。其他地方有点危险。”

“确实，水库、小河这些地方一般水很深，而且水底杂草丛生，地形、水势复杂，一不留神就会把你卷到水里面去。你们知道吗，人溺水两分钟后就会失去意识，四到六分钟内你的身体将会受到无可挽回的损伤。如果在野外溺水，我们将难以得到救援，从而导致溺水身亡，因此我们必须要去正规的游泳场所游泳。”说着，我点开一张儿童独自在池塘里玩水的图片，继续问："这些孩子的做法正确吗？"

全班齐刷刷地摇摇头。

"错在哪儿呢？"

"这些孩子独自进入禁止游泳的地方游泳，而且身边还没有大人跟着。"小王快速地回答。

"你观察得很仔细。当我们想去游泳的时候，我们不仅要选择安全规范的场所，还要有大人的陪伴，不然也是很危险的。我再提醒一点，下水前一定要做好热身运动，以防在水里突然身体不适导致溺水。"

孩子们若有所思地看着屏幕。

"万一遇到别的小伙伴溺水了，这样做对吗？"我又点开一张儿童手拉手施救的图片。

孩子们有的点头，有的摇头，不是很确定。

我皱起眉头，正色道："这种做法是完全错误的！上个月，重庆8名小学生放学后相约去河滩玩水，结果1名小学生失足落水，其他7名小学生都去施救，导致8名小学生全部溺水身亡。这是多么惨痛的教训啊！那么，我们该如何正确施救和自救呢？我们再看一个微视频。"

孩子们全神贯注地看着视频，视频里用一幅幅生动的画面详细地讲解了遇到他人溺水和自己溺水的正确施救与自救方法。

"所以，遇到他人溺水，我们应该怎么办？"

"遇到他人溺水，我们不能直接手拉手去救他，不然他也会把我们拉到水里去的。因为我们还小，所以我们也不能扑通一下跳到水里去救他。我们要及时向大人呼救，然后找一些可以漂浮的物品，比如泡沫板、游泳圈，扔到他身边让他可以依靠。”

“你说得非常正确！作为小学生，我们首先要保护好自己的生命安全，然后再想办法去救别人。如果自己不小心溺水了，我们又该怎么办呢？”

“万一自己落水了，千万不能慌张，要把头向后仰，使自己的鼻子和嘴巴露出水面，然后放松身体让自己浮起来。”

“要把口袋里的重物拿出来，但是衣服不要脱，因为衣服也是可以产生浮力的。”

“如果有人来救我，我不能死死地抱住他，应该放松身体让他把我拖走。”

“孩子们，看来你们都已经知道了自救的方法。生命是非常宝贵的，对每个人来说都只有一次！暑假即将开始，虽然我们不是一条鱼，但只要我们保护好自己，珍爱生命，避免溺水，我们也可以像鱼儿一样在水中愉快地玩耍。祝你们暑假快乐！”

微班会结束后，我又在家长群里发布了暑期防溺水通知书，希望通过家校联动的方式让每个孩子都能过上一个安全又美好的暑假。

第 3 招

紧跟时代大风云

浙江武义新纪元双语学校·王　莉

我们的生活经历了时代的风云变幻，在不断的发展中谱写着新的篇章。在党的领导下，亿万中国人民正昂首挺胸走进中国特色社会主义新时代。作为教育者，作为祖国花朵的守护者，我们应该紧跟时代大风云，把握教育的重点与发展的节奏，引导孩子学习、成长。

班主任通过微班会开展教育时，要特别关注时代变幻的哪些方面呢？需要如何抓住时机，给孩子们恰到好处的引导呢？

一、把握国家育人的方向

教育关乎为国家和民族培养合格建设者和接班人的千秋大计。“培养什么人、怎样培养人”，是我国教育事业发展必须要解决好的根本问题。十八大报告明确提出要“立德树人”，明确了教育工作者的根本任务。以“立德树人”为目标，党和政府出台了许多重要文件。其中就有“四史”学习的工作要求。要培养社会主义事业的建设者和接班人，必须要让孩子们从小学党史，感党恩，坚定信念跟党走。

但是，宏大的历史讲解，空洞的知识传授，并不容易走进孩子的内心。对此，我们可以选择合适的时机，进行相关教育。本文链接的《奋斗吧，少年》就抓住了中国共产党建党100周年的时间节点，采取听熟悉的歌、看精彩的视频、结合学情来讨论的做法，了解百年来，中国共产党领导中国人民英勇奋斗，经历了“站起来”“富起来”“强起来”波澜壮阔的伟大历程，从而引导孩子们传承红色基因，促进孩子们知党爱党，进一步激发学生的爱党爱国情怀，争做新时代的好少年。谢老师这种生动、简捷的方法，我们完全可以借鉴。再如加强劳动教育、重视心理健康教育等，这些都需要我们去把握。

二、紧跟现代科技的发展

现代科技的发展日新月异，在中国，世界上首颗量子科学实验卫星“墨子号”发射升空；神舟十一号飞船与“天宫二号”自动交会对接成功；世界最大单口径射电望远镜“中国天眼”亮相贵州喀斯特天坑；超级计算机“神威·太湖之光”的运算速度夺得世界第一；中国高铁运营里程突破2万公里……无数的突破把中国带入了科技高速发展的轨道。

在这样的大背景下，孩子们的生活方式也有了巨大的变化，他们爱玩什么？爱怎么玩？这都需要老师去了解，特别是如何引导小学生在科技发展的大背景下更好地学习与生活，也成为微班会可以跟进实施的重要选题。本文链接的微班会《都是“抖音”惹的祸》中，蔡老师关注近年来新出现的抖音情况。这个问题是近年来许多学校一直关注的如何使用手机、如何使用网络的问题的形式转化。“刷抖音”，不是秘而不宣的事，蔡老师大大方方亮出主题，引发孩子们热烈讨论，再通过观看短视频引导孩子们深度思考，最后通过画漫画指南的方式引导孩子们建立正确的认知。这样的课程再结合课后的家校联动，化“堵”为“疏” ，既“管”又“理”，顺应了时代的发展。

三、响应党的政策的调整

自中华人民共和国成立以来，中国共产党团结带领全国各族人民进行持续不断的伟大奋斗，创造了无数人间奇迹。中国已发展为世界第二大经济体，中国特色社会主义建设取得阶段性成果。在这个过程中，党和政府根据实际情况不断做出政策和策略上的调整，以满足社会发展的需要。人民教师不仅要成为党的政策的积极拥护者，还要成为政策的执行者和宣传者。如从20世纪80年代的“少生优生”“只生一个好”到如今的“为了国家生三孩”，很多独生子女在没有心理准备的情况下就成了哥哥或姐姐，他们总感觉弟弟或妹妹分走了父母的爱。

老师如何帮助孩子们打开心结，转变思想，乐于接受自己的弟弟（妹妹）呢？本文链接的微班会《老大的烦恼》中，老师做了积极的教育实践。张老师引导孩子们述说了自己的烦恼，采取“众人献计”的方法来解决问题，而“聆听父母心声”，让小朋友倾听爸爸妈妈的心里话。如此层层铺开，动之以情，晓之以理，让孩子们解开心结，与家人和谐共处。

“不忘初心，方得始终。”新时代号角已吹响，我们一定要加强学习，紧跟时代步伐，谱写新的时代篇章。

·链接4·

奋斗吧，少年

（党史教育话题）

浙江武义新纪元双语学校·谢瑞蕾

“1921，壮丽篇章开启，自强不息一定能够创造奇迹。每次受挫都是一次收获，勇往直前是我的选择……”每日晨跑，学校的广播里循环播放着建党百年主题歌曲《少年》，鼓舞着孩子们不断前行。

“谢老师，歌曲里为什么说1921开启了壮丽篇章？”跑操后，小陶好奇地问。

“因为中国共产党诞生于1921年。从那以后，在中国共产党的带领下，我们的日子才变得越来越好。”我认真地回答。

“原来如此，我明白了。”小陶笑着跑开了。

她是真的明白了吗？真的明白中国共产党奋斗百年为国为民所做的牺牲和奋斗了吗？真的明白当代中国之所以能取得如此多伟大的成就，全靠共产党的领导？我的心里不由得嘀咕了一句。

适逢中国共产党建党100周年之际，为了进一步引导孩子们知党爱党，激励孩子们听党话跟党走，争做新时代的好少年，我组织策划了一场名为《奋斗吧，少年》的微班会。我在网上仔细地搜索了中国共产党百年辉煌的相关资料，经过认真思考，我决定用一首歌、一个音乐短片和一段话，来完成此次的微班会。

课前，我就在教室里播放歌曲《没有共产党就没有新中国》。

孩子们有的站在屏幕前认真地听着，有的边看书边听，还有的把旋律默默地记在了心里。

上课伊始，我再次播放《没有共产党就没有新中国》。伴随着激昂的旋律，孩子们跟着哼了起来："没有共产党就没有新中国，没有共产党就没有新中国……"

"孩子们，这首歌是不是很好听，唱起来是不是朗朗上口？"我微笑着问。

孩子们纷纷点头。

"听了这首歌，你们有怎样的感受呢？"我继续问。

"这首歌很振奋人心，我很喜欢。"小陈答道。

"是的，老师也很喜欢。其实在1943年的秋天，这首歌曲刚问世就受到了广大人民群众的喜爱。因为这首歌曲唱出了人民群众对中国共产党由衷的拥护，唱出了人民的心声，那时候的人们就相信只有跟着共产党才能克服重重困难，夺得抗战的胜利。"

"中国共产党为了国家的强大付出了很多。"小王说道。

"是的，这首歌的名字就叫作《没有共产党就没有新中国》。今年刚好是中国共产党建党100周年。下面，就让我们通过一个短片，来回顾一下中国共产党的百年历程吧！"

于是，我点开了由人民日报新媒体制作的建党百年主题音乐短片《少年》。短短的四分钟讲述了百年来中国共产党领导人民逐步实现从站起来到富起来再到强起来的伟大飞跃。

当看到最初中国被外国列强欺凌的画面时，孩子们义愤填膺；当看到中华人民共和国成立的画面时，孩子们欢欣鼓舞；当看到当代中国在航空航天、竞技体育、脱贫摘帽、抗击疫情等方面的成就时，孩子们激动不已；当看到最后阅兵仪式老兵敬礼的画面时，孩子们早已热泪盈眶。

“谢老师，中国共产党真伟大！”小陶发自肺腑地说。

“是啊，如果当年没有党领导人民浴血奋战，就不会有今天的新中国。正因为有党的领导，我们这个曾经贫穷落后的国家，才能靠自己的力量造出原子弹、人造卫星、航空母舰等，才让世界真正对我们刮目相看。”

“中国共产党真了不起！”小徐情不自禁地说道。

“真的很了不起！孩子们，你们就是共产主义的接班人。祖国的未来就掌握在你们的手中，美丽的中国梦需要你们来实现。少年强则国强，现在的你们最应该做的是什么？”

“我们要好好学习，用知识武装自己的头脑。长大以后，报效祖国！”

“奋斗吧，少年们！最后让我们一起来读一读梁启超先生在《少年中国说》中所写的话。”我示意孩子们起立，看向屏幕。

“故今日之责任，不在他人，而全在我少年。少年智则国智，少年富则国富；少年强则国强，少年独立则国独立；少年自由则国自由；少年进步则国进步；少年胜于欧洲，则国胜于欧洲；少年雄于地球，则国雄于地球……”孩子们挺直腰板，紧握拳头，充满感情地念着这段话，眼里满是光芒，激昂的声音响彻整个教室。

·链接5·

都是“抖音”惹的祸

（网络使用话题）

浙江平阳新纪元学校·蔡茉莉

“海草，海草，随波飘摇。”“轻轻贴近你的耳朵，撒浪嘿呦——”

如果你玩抖音，一定熟悉这些热词。事情起源于那天的大课间，我问班级的孩子们：“你们想玩什么游戏呢？”话音未落，几个小家伙不约而同地喊道：“玩抖音！”活泼的羽羽甚至迫不及待地表演起现场版的《海草舞》，孩子们笑声一片，连我也被他逗乐了。

本以为这场抖音热会很快过去，没想到它如星星之火一般在整个班级中蔓延开来，接下来班级的“小豆芽”（抖音粉丝）越来越多。课间说抖音，周末拍抖音已经成了他们的家常便饭。菲菲沉迷于手指舞，上课都在模仿；毛毛模仿“社会摇”，变得粗话连篇。结果被好几个同学告了状。

哎，都是抖音惹的祸。

我从网上找到一则数据：抖音85%的用户在24岁以下，基本都是95后，甚至00后，中小学生竟然占了抖音用户数量的“半壁江山”！为了获得点赞量，视频里的小学生要么浓妆艳抹，要么出口成“脏”，令人惊愕！小学生盲目跟风，不仅会耽误他们的学习、影响他们的身心健康，还可能导致他们的价值观、审美观发生扭曲。从王者荣耀到抖音，孩子们为什么会如此迷恋？症结何在？该如何引导他们正确使用网络？我的脑子里浮现出一个个疑问。

古人讲慎思之，明辨之，我决定首先在班级里开一场思辨会——说说你眼中的抖音。标题一出，班上顿时热闹起来。

班长小爽首先说："抖音有毒，我姐姐经常一玩就是半个小时……"菲菲说："抖音也有好的一面啊，我的爵士舞就是从抖音上学的。""对对对，菲菲说得对，我系鞋带的本领就是从抖音上学的，视频演示加上文字说明，清晰易懂，抖音多好啊！""抖音会上瘾的！"同学们各抒己见，争论不休。

这时我播放了一个视频。视频中，一位爸爸带女儿玩抖音，无意中发现了一段跟孩子互动的翻跟头视频，觉得十分有趣。于是爸爸拉上女儿试了一把。结果意想不到的悲剧发生了。在她的爸爸抓住她往上翻转180度的时候，突然失手，孩子一下子头部着了地！最终导致女儿瘫痪。

教室里立刻安静了下来，孩子们若有所思。我适时做了小结：抖音有好有坏，关键是如何使用。

那要如何使用呢？我告诉孩子们一定要掌握好时间，不能过量，不能入迷。我建议大家集思广益，想出好的办法帮助大家正确使用抖音。经过商议，我们决定用漫画做一份健康玩抖音指南。

孩子们各显神通，羽羽在纸张左边画了抖音主页图，配文"五分钟""五分钟""五分钟"，意思是重要的事情说三遍，时间不能长；右图配文抖音VS毒品？告诫大家玩抖音需要有自制力，不要一刷抖音就停不下来，然后难以自拔。菲菲在白纸左侧画的是充斥着许多文字信息的抖音界面图，将其中的"生活小常识""新闻公众号”等优质的抖音号拉到右上方的大脑漫画里，又将搞笑低俗、低级趣味的抖音号拉到右下方的垃圾桶里，强调要学会辨别好坏信息，并且能够将积极的信息输入大脑，摒弃垃圾信息。

改变的契机终于出现了，但抖音如何使用，仅靠老师的力量是远远不够的，还需要家长加强监管，需要家校通力合作。因此我还与家长、孩子们一起制定了网络使用公约，约定要健康、文明上网。我也建议孩子们通过抖音来录制学习小视频，每天分享自己的学习心得，这样不仅能帮助孩子树立信心，学会自我管理，还能极大地提高他们的学习兴趣与学习效率。那样就不会说“都是‘抖音’惹的祸”了！

·链接6·

老大的烦恼

（家庭矛盾话题）

山东潍坊新纪元学校·张　明

“张老师，我的作业本被我弟弟弄脏了。”“张老师，我写作业的时候弟弟总是给我添乱，所以我没办法好好写字。”“张老师，我和妹妹打起来了，脸被妹妹画了一道。”

周末回到学校，大家说起自己的弟弟妹妹，都觉得很苦恼。随着国家二孩、三孩政策的放开，越来越多的家庭将二孩提上了日程。而老大和老二、老三之间的矛盾也悄然而生。如何疏导老大的情绪，如何解决老大的烦恼，现已成了许多二孩、三孩家庭的难题，也成了班主任研究的课题。

“老大的烦恼”微班会就这么开始了。首先同学们畅所欲言，争相交流自从有了小弟弟、小妹妹，他们的生活多了哪些新烦恼。随即我们将这些烦恼分成了三类，大家合作支招，帮助伙伴们解决这些烦恼。

第一个烦恼是父母总是拿自己和弟弟（妹妹）比较，而且总说弟弟（妹妹）好。力玮第一个发言：“我们可以努力做最好的自己呀，让爸爸妈妈看到我们的优点。”善于沟通的翊瑄接着说：“我觉得还可以去跟爸爸妈妈谈一谈，把心里的想法说出来。”

“你们非常棒，给出了两个妙招。其实弟弟妹妹做得好，我们也可以向他（她）学习。”我高兴地夸奖道。

第二个烦恼是爸爸妈妈忙于照顾弟弟（妹妹），没有时间去管自己，觉得弟弟（妹妹）把原本属于自己的爱都抢走了，自己成了没人疼没人爱的孩子。热心肠的尊宣举起了手：“我来给同学支支招。我觉得我们可以多为父母着想一点，爸爸妈妈一定特别忙！我们应该提高自己的学习效率，抽出时间来照顾弟弟（妹妹），这样一家四口才能有更多的相处时间，我们也不至于感到孤单了。”

“我们如果能学会换位思考，多替父母考虑一点，是不是烦恼就少一点呢？”我听了笑着补充道。话还没说完，政宇就插嘴道：“哎呀，爸爸妈妈又不是不爱我们了，只是因为弟弟（妹妹）还小嘛，所以爸爸妈妈把精力都放在了弟弟（妹妹）身上。在我们小的时候，爸爸妈妈也是天天围着我们转呀。所以并不是爸爸妈妈不爱我们了，而是爱的方式不一样了。”

小政同学说得头头是道。我顺势问道：“听了他们的发言，你们有什么感想？”“我觉得我们不妨多想想弟弟（妹妹）给我们带来的好处，爸爸妈妈肯定是爱我们的，我们也要爱他们、体谅他们，也要爱弟弟（妹妹）。”俊妍的话音刚落，教室里就响起了热烈的掌声。

第三个烦恼是弟弟（妹妹）很爱哭，影响自己写作业，家里自从有了他（她），就没有清静的时候了。班长姿娴也深有体会，但此时她是这样说的：“小宝宝不会说话，他们饿了困了尿了都只会哭，那我们可以帮妈妈一起哄哄弟弟（妹妹），逗逗他（她），他（她）就不哭了嘛。”调皮的晟宇说：“对啊对啊，我们可以换个房间，把房间门关上，还可以塞个耳塞。”

虽然是四年级的孩子，但方法还是挺多的，大家各抒己见，献计献策。我又说道：“弟弟妹妹来了，也有许多好处的，你多了个朋友，爸妈也多了笑声。当然也给你们带来了一些烦恼。关键在于你怎么看，怎么做。现在大家提的做最好的自己，及时跟父母沟通，换位思考，理解父母不同方式的爱，担起照顾弟弟（妹妹）的责任，还可以用上隔音神器等，这些都非常棒！其实，关于弟弟（妹妹）的到来，爸爸妈妈们也有话说，让我们一起听听父母的心声吧。”

我打开投影，屏幕上出现了爸爸妈妈的一段段肺腑之言：

“虽然要经历第二次十月怀胎的辛苦，虽然有时候也会忙得焦头烂额，但我慢慢地看到你有了担当，妈妈觉得你长大了，已经成为一个小小男子汉了！”“有时，你可能觉得我们对弟弟的照顾更多，那是因为弟弟还小，他还需要方方面面的照顾；对你照顾得少，那是因为爸爸知道你有自理自立的能力了；对你要求严格些，那是因为我们相信你能做得更好！”

“你跟妹妹可以相互帮助，有快乐，一起分享；有烦恼，一起解决；有责任，一起承担。希望你能明白，有一种爱，叫手足情深。妹妹来了，其实幸福也就来了！”

听到家长那语重心长的话，孩子们深受感动，有的孩子还悄悄抹起了眼泪。微班会也在分享与感动中结束了。

这次班会主要是为了解决二孩、三孩家庭中老大的烦恼，通过倾诉、表达、思考、辨析等多种方法，让孩子们感受到父母的艰辛，感受到他们对自己的关爱以及体会兄弟姐妹之间的亲情，从而接受弟弟（妹妹）的到来。我相信，今后老大们再无烦恼，或少烦恼！这样我们也为国家的新生育政策做了点小小的贡献，为孩子的成长提供了必要的帮助。嘿，真好！

第 4 招

热点话题来讨论

湖南岳阳市岳阳楼区东方红小学·汤　黎

“生活即教育，社会即学校。”确实，学生的成长离不开社会。社会生活中的热点话题，通常是我们社会生活中的大事、重要事。这些事对引导学生进行正确的道德判断，培养正确的做事方法，都有着积极的现实意义。班主任要有意识地把热点话题作为微班会的重要选题，把热点话题讨论作为上好微班会的有效途径。

因为热点话题能引发学生的学习兴趣。一般来说，热点话题在一段时间内都具有很强的传播性，同时它在网上的关注度也很高，学生很容易通过各种信息渠道关注到这些话题，比如新开的地铁、新冠疫情、神舟十三号、2022北京冬奥会，等等。如果把这类热点话题引入课堂，把这些真实事件转化为德育素材，并以文字、图片、视频等直观的形式，呈现当时的真实情景，进行讨论，不仅可以吸引学生的注意力，激发学生学习的兴趣，还可以营造积极的学习氛围。

热点话题的讨论还能提高学生的道德认知。小学生的道德判断能力相对成人来说还是比较弱的，许多时候，单一的“说教”是难以让学生真正做到入耳、入心、入脑的。如果我们能选取一些学生感兴趣的热点话题，抓住学生的兴奋点，适时展开讨论，让他们畅所欲言，不仅能引起学生共鸣，激发学生兴趣，还能提高学生的道德认知水平。

那么，如何组织学生开展热点话题的讨论呢？

1.寻找、筛选，拟定讨论话题。热点话题的素材包罗万象，在拟定话题时，我们首先要考虑到学生的适用性。所选择的热点话题一定要和学生的生活息息相关，比如光盘行动、节能减排、垃圾分类等。其次，在话题选择时，还要考虑素材的时效性。社会舆论热点事件时有发生，抓住事件热度进行教育，往往能起到很好的教育效果，引起学生情感共鸣。比如中印边境冲突、感动中国十大人物、建党百年等话题，而党和国家领导人在相关话题上发表的重要讲话，也会引起更多的关注，从而带火这些话题。

2.收集、整理，备好话题素材。在素材的处理上要做到“精准”，素材的内容要“精练”，素材的呈现形式要“精彩”。让学生了解素材后，再进入讨论环节。所以，老师需要提前收集整理素材，形成学生感兴趣的“精练”课堂资源，在微班会上以“精彩”的形式呈现。这些话题素材可以从报刊、电视、网络等媒介中收集和整理，再根据实际需要编辑而成，它们可以是文字，可以是图片，也可以是视频。当然，视频可能更容易吸引小学生的注意力。

3.精心组织，开展话题讨论。学生在了解话题素材后，就进入了话题讨论环节。因为是微班会，所以最好是全班讨论，而不是采取分组讨论再全班交流的方式。针对热点话题，老师要鼓励学生大胆地说出自己的看法，并参与讨论。老师不能板着脸“灌输”给学生，要与学生探讨、交流、沟通，拉近与学生的关系，了解学生的需求，贴近学生的生活。此时，老师循循善诱地引导学生，可以减少学生因认知水平不高与生活经验不足而造成的误解，使学生在讨论中受到熏陶、感染，心灵受到震撼，达到水到渠成的效果。本文链接的微班会《光盘，我们可以这样做》中，黄老师就是根据全班讨论“不能光盘”的具体情况，提出了相应的对策，这样合情又合理，既讲道理，又讲方法。让我们眼前一亮，原来“光盘，还可以这样做”。

班主任要加强学习，在学生讨论热点难题时，“一语中的”地引导学生，发挥“人生导师”的作用，提高讨论质量。

通过对热点话题的讨论，可以使学生在直击心灵的情感体验中，不断地审视自己，教育自己，收获启示，升华自己的道德认识，树立正确的价值观，获取有效的解决办法。

·链接7·

光盘，我们可以这样做

（节约粮食话题）

上海嘉定区苏民学校·黄　静

周五中午，我在学校食堂当护导老师，看着吃好饭的小朋友们排着队，一脸无所谓地把剩饭剩菜倒进泔脚桶里，不一会儿，泔脚桶就被装满了，看到这种现象我震惊了。想起习近平总书记一直提倡“厉行节约、反对浪费”的社会风尚，我校食堂也张贴了醒目的“光盘行动从我做起”的宣传语，但由于各种原因，粮食浪费现象依然严重。我想我不能光埋怨，一定要搭准脉，对症下药，是时候开一次关于光盘行动的微班会了。

下午的班会课上，我在电脑上展示了几张中午在食堂拍的照片，照片中有装得满满的泔脚桶，也有少数同学餐盘中的饭菜在基本没动的情况下就被倒掉的情形。

听着大家的一声声“哇”，我问：“小朋友们，这是老师今天中午在食堂里拍的照片，看完这些照片，你们有什么感想吗？”

“太浪费了！”小朋友们高声喊道。他们有的激动地指着照片表示不该浪费粮食；有的悄悄地低下了头；还有的涨红了脸，不时地看向我，眼神左躲右闪。

这时，光盘监督员王泽睿站起来气愤地说：“老师，我们班好多小朋友中午饭菜只吃了几口就倒掉了，我叫他们吃完给我检查，好几个女生也不给我看，悄悄地绕过我走了。”

这时，全班都安静下来了，我问：“这周每天都能做到光盘的小朋友请起立，让大家都看一看。”

朱瑞怡、王泽睿等9位小朋友昂首挺胸地站了起来，他们的眼神中充满了自豪。

我赞许地点了点头，说：“你们都是班级的光盘小卫士，给你们点个赞。”接着，我看向安静地坐在座位上的学生，“其他小朋友要向他们学习，想想为什么他们能做到，而你却不能，你浪费粮食的原因是什么？”

“饭菜太多了，我吃不下。”瘦瘦的小顾红着脸说。

“青菜不好吃，我不喜欢吃。”小徐慢悠悠地说。

“我有时候心情不好，就会吃得不多。”小肖若无其事地说。

“我吃得慢，看见别人都走了，我也就不吃了。”小范不好意思地说，她是我们班公认的慢性子。

"生病了就不想吃饭。"不知是谁小声地说。

"我有时候觉得自己能吃完，但最后实在吃不下就倒了。"小彭羞愧地说。

我微笑着说："小朋友们刚刚说得都特别棒，每个人都做了分析。知道原因之后，我们就可以针对性地改进，下面请小朋友们看着老师板书的浪费粮食的原因，讨论一下应该怎样减少浪费，践行光盘行动。"

"觉得饭菜太多、心情不好或者生病不想吃的话，可以少领一点。"小潘毫不迟疑地说。

"每次我跟阿姨说要个小份的，阿姨都说没事的，你就吃这份吧。"小顾有点犹豫地说。

"那我们可以把饭菜分一点给饭量大的同学。"我微笑着说，"我们可以统计好班里需要小份的同学名单，然后给学校食堂写封信，建议他们给要小份的同学提供小份的，不然太浪费了。"

"我认为因为青菜不好吃就不吃的想法是不对的，我们不应该挑食，学校给我们准备的都是营养餐，你不吃的话，营养就不够了，我们要想办法逼自己多吃点，可以把青菜夹在肉里，像吃汉堡一样把青菜吃下去。"小张坚定地说。

"如果你每次都吃得很慢，来不及吃完的话，那你就要大口吃了，或者找同学比赛，看谁吃得更快更好。"小崔大声说道。

我指着板书，看向小朋友们："你们看，只要我们用心思考就没有解决不了的问题，刚刚你们提的减少粮食浪费的建议真是太实用了。"

"老师，我觉得我们最少要把荤菜、蔬菜还有米饭都吃完，再喝一碗汤，这样才能保证营养！我希望大家吃完饭之后都给我检查下。”光盘监督员王泽睿站起来认真地说。

“你可真负责，”我向他竖了大拇指，“小朋友们，现在大家都清楚该如何做到光盘了吗？”

大家异口同声地说：“清楚了。”

“你们都太棒了，个个都是光盘小卫士，明白了道理，提出了改进意见，我们一定要说到做到！行不行？”

“行！”

“过一阶段后，老师还会检查的，希望你们都能真正成为光盘小卫士，好不好？”

“好！”这次声音更响亮、更有力了。

·链接8·

为它撑起保护伞

（保护视力话题）

山东威海市福泰小学·郑兆婷

近年来，我国近视患者已达6亿，青少年近视率高居世界第一，成为社会关注的热点话题。这个问题也引起了党中央、国务院的高度关注，习近平总书记特意做了重要批示。我校也要积极行动起来，要求任课教师尤其是班主任老师必须关注学生的用眼情况，督促学生每天做好“两眼一操”，养成爱眼护眼的好习惯。于是，我有心设计了一节微班会“为它撑起保护伞”。

上课后，我问孩子们："喜欢做游戏吗？"孩子们异口同声地回答："喜欢！"

我点点头，转过身去，在黑板上画了一张脸，脸上有耳朵、眼睛、眉毛、嘴巴，就是少了一个鼻子。刚画完图，孩子们就嚷嚷："老师，没有鼻子。"

"对，接下来我们要玩的游戏就是贴鼻子。游戏规则是：用丝巾蒙住眼睛，在倒数十个数的时间里，把磁铁石当作鼻子贴到黑板上，共有两次机会。"

话音刚落，孩子们争相举手，"我来，我来"。我找了平时做眼保健操不认真的浩宇同学。嗨！他得意地走上讲台。

"看好位置了吗？" 我问。

"看好了！"浩宇大声回答。

我边系丝巾边问："现在是什么感觉？""有点黑。"他答道。

"你要努力哦！计时开始。"

只见浩宇同学犹豫地把手里的"鼻子"贴在黑板上，第一次把"鼻子"贴到了眼睛下面，第二次把"鼻子"贴到了嘴巴上。同学们哈哈大笑，纷纷举手："老师，我来，我来！"

"现在每个人都有机会体验，请你们拿出田字格本，闭着眼睛写出自己的名字，我倒计时。" 我顺势答道，稍作等待，开始了计数，"5，4，3，2， 1！写完的同学，请睁开眼睛，谁来点评一下自己写得怎么样？"

丁杨说："老师，我把名字写到田字格外面去了。"佳怡说："我写的名字，占格不好。"鸣晨说："闭眼写字太难了，看不到格子，所以写得不好看。”

我说：“那我们就睁开眼睛再写一遍。”同学们认真地写起来。

“写完的同学端正坐好。我采访一下，这一遍，你觉得自己写得字迹工整的请挥挥手。”好多同学都挥了挥手。

“好，请放下你们的小手。看来大家都很满意这次的书写，是谁帮助了我们？”

“眼睛！”孩子们响亮地答道。

“孩子们，你们知道吗？眼睛是人类感官中最重要的器官，大脑中大约有80%的知识和记忆都是通过眼睛获取的。眼睛是我们了解世界的窗口，有了它，我们可以读书认字、可以看图赏画、还可以阅人观景……而随着年龄的增长，眼睛不断地承受累积而来的张力和压力，视力会逐渐下降，而且不可逆转。那么，你们有哪些好方法来保护好自己的眼睛呢？”

“看书一小时，要往远处看一会儿。”曲羿说。

“不能在光线太强或太暗的地方看书。”梦阳说。

“不能躺着或趴着看书。”依依说。

“刚才几位同学说的是用眼习惯，看书写字半小时，应休息几分钟，可以看远景，或闭眼休息。不在强光或暗光下看书。读书写字姿势要正确，眼离书本一尺远。另外，老师建议大家少玩手机、电脑等电子产品。”

“要多吃胡萝卜。”新玥插话道。

“平时注意营养，多吃新鲜蔬菜，不要偏食。研究表明，多吃蔬菜水果对预防近视有益。”我对这些方法给予了肯定，“还有其他方法吗？”

佳雨说：“做眼保健操。”

“这是一个好方法，通过按摩眼睛四周的穴位来增强眼眶的血液循环，改善神经营养，消除眼内的过度充血，达到缓解眼疲劳的目的。实践表明，坚持做眼保健操，能有效地预防近视。所以，学校每天安排早晚两次眼保健操，要求大家动动手指、做做眼操，就是为了帮助大家缓解眼部疲劳，预防近视。”我继续说道，“习近平爷爷也非常关心你们的视力保护，做了好多重要指示。党和国家这样重视，这么关心。我想问问同学们，你们今后能不能好好做眼保健操？”

“能！”孩子们响亮的回答中带着坚定。

“好！孩子们，要说到做到。我们要认真做好眼保健操，为我们的眼睛撑起一把保护伞，让明亮伴随我们一路前行！”

第 5 招

节日契机要抓牢

四川成都市双流区实验小学·李琴

一年当中总会有许多特别的日子，重大的节日、传统节日、纪念日等。每个节日、纪念日都有着丰厚的内涵，都蕴含着丰富的教育资源。节日、纪念日都是优秀的德育载体，我们应抓住节日、纪念日这一教育契机，通过开展微班会活动，践行“立德树人”的使命担当。

首先，可选用的节日，心里有数。我们可以把一年中节日、纪念日按照时间顺序做一下梳理，看看有哪些节日、纪念日可在小学通过微班会实施教育。梳理后会发现，有1月1日元旦节，1月10日中国人民警察节、3月5日学雷锋纪念日、3月8日妇女节、3月12日植树节、4月2日国际儿童图书日、4月22日世界地球日、4月23日世界读书日、5月第二个周日的母亲节、5月12日全国防灾减灾日、6月5日世界环境日、9月10日教师节、11月9日消防宣传日等，还有传统节日如春节、清明、端午、中秋、重阳等，而这些节日、纪念日都是比较好的教育契机。

以下情况不适宜设计微班会开展教育：1.春节、七一建党节、八一建军节等节日因寒暑假放假难以安排；2.六一国际儿童节、十一国庆节、中国少年先锋队诞辰日等节日，学校通常会安排大型活动，一般不再同步安排微班会；3. 与小学生关切度不高的纪念日，如“3·15”消费者权益日、4月15日全国国家安全教育日、10月15日国际盲人节、12月3日国际残疾人日等。

需要强调的是，圣诞节、感恩节这类宗教色彩浓厚的西方节，中小学不应提倡。党的十九大报告明确指出：文化是一个国家、一个民族的灵魂。没有高度的文化自信，没有文化的繁荣昌盛，就没有中华民族的未来。像圣诞节、感恩节这类西方节，容易造成学生信仰和信念的混乱与虚无，我们不能盲目跟风。

其次，结合班级实情，积极施教。每个班级都会有自己的特点，每个发展阶段的学生也都会有不同的问题。微班会要关注问题解决，助力学生成长，因此，在开展节日主题教育活动时，我们要结合自己班级的实际情况，因材施教。

小学中年级是从低年级到高年级的过渡阶段，有着承上启下的重要作用，这个时期既是小学生心理发展发生质的变化的转折时期，又是矫正不当行为的关键期。随着学习任务的增加，家长对孩子的要求也逐渐升级。有的孩子会对父母每天的付出习以为常，认为这是理所当然的事情，而父母严格要求自己就有些不理解了。因此，这个时期的感恩教育就有着非常重要的意义。我们可以结合母亲节、父亲节开展教育，如本文链接的微班会《夸夸我的好妈妈》。当班里的孩子不能理解每天辛苦照料他们的老人的辛劳时，我们可以结合重阳节引导孩子爱老敬老，如本文链接的微班会《九九重阳敬老情》。

班级中有时会出现一些浪费现象：饭菜没吃几口就倒掉了；放学后，没有人的教室里仍旧亮着一盏盏灯；洗手后，人走了，水还在哗哗地流……我们可以结合世界水日、世界地球日等节日教育学生珍惜资源，珍爱地球，懂得一滴水、一度电、一粒米都来之不易，节约不是一句口号，一种空谈，而是实实在在的生活细节。

最后，搭准时代脉搏，把好时机。我们更要把握时代脉搏，“我为时代鼓与呼”，及时开展微班会。如2021年是中国的航天大年，例如载人航天、重型火箭研制、火星探测进展等项目备受瞩目，中国航天重磅消息频频传出，我们可以抓住中国航天日这一教育契机，让学生了解中国航天人的不懈努力：放飞“嫦娥”，取回月壤，实现揽月梦想；远送“天问”，遥控“祝融”，实现探火梦想；托举“神舟”“天宫”“天舟”“天和”，逐步实现飞天梦、步天梦、驻天梦……从而了解并学习“两弹一星”精神、载人航天精神、探月精神、新时代北斗精神。

对新设的纪念日，班主任要有敏锐的洞察力，相机开展教育活动。如2021年1月10日，第一个中国人民警察节到来之际，我们可以让学生了解中国人民警察对党忠诚，宗旨使命铸警魂；服务人民，甘于奉献与担当；执法公正，利剑出鞘护平安；纪律严明，砺兵强警不畏难，并在其中培养学生的时代使命感和责任担当意识，如本文链接的微班会《110，向人民警察致敬》。

在当今文化全球化的背景下，节日、纪念日既是传承中华文化、讲好中国故事的重要载体，也是提高民族自信心与凝聚力的关键途径。我们一定要抓住节日的契机，积极开展教育活动，引导学生扣好人生的第一粒扣子。

·链接9·

夸夸我的好妈妈

（感恩母亲话题）

浙江武义新纪元双语学校·谢瑞蕾

“这周日就是母亲节了，你们回家夸夸自己的妈妈呗！”课间我和孩子们聊着天。

“没啥好夸的，我妈就知道周末送我去补习班。”小管同学叹了口气道。其他同学也抓抓脑袋，似乎有点苦恼。

“怎么会没啥好夸的呢？等会儿课间操跳完后，给我十分钟，我会让你们发现你们妈妈身上的闪光点！”面对为难的孩子们，我夸下了“海口”。

趁着孩子们上课的时间，我开始着手准备名为“夸夸我的好妈妈”的微班会。我先是在班级微信群里收集了孩子们和妈妈的合照，然后在网上找到了有关母亲节的动画微视频。一切准备就绪，只待下课铃响。

课间操结束后，我故作神秘地走进教室里说道：“孩子们，你们知道吗？有一个词语，无论是中国人还是外国人，无论是黑人还是白人，全世界所有的人念它，它的发音都是一样的。你们猜是哪个词？”

“小猫？”“苹果？”“电脑？”孩子们议论纷纷，却都没有猜对。

“妈妈！是‘妈妈’这个词啊！这是一件多么奇妙的事儿

啊！”我激动地说，“我们的妈妈都是独一无二的，谁能用一个词来形容一下自己的妈妈？”

“漂亮！”“温柔！”“勤劳！”“善良！”孩子们都积极地回答。

“虎妈！”小管站了起来，大声喊着。全班同学都笑了。我也笑着在黑板上写下了小管说的词语。

“看来大家对妈妈的评价都很高呢。不过刚才说到有个词时，很多同学都笑了。小管，你能和大家说说‘虎妈’的意思吗？”我邀请小管回答。

“‘虎妈’顾名思义就是像老虎一样的妈妈嘛。我妈妈可凶了，我做作业不认真她就会揍我，周末还让我去补习班补课，想想就心累啊!”小管耷拉着脑袋回答。

“为什么你妈妈要这样对你呢？如果你不是她的孩子，她还会这样对你吗？”

“她想让我的学习成绩变得更好吧。”小管边说边不好意思地笑了。

“哎，可怜天下父母心啊。现在你的妈妈所做的一切都是为了你啊，希望你能好好读书，长大了能够找到一份好工作，能够做到养活自己，能为家庭争气。从小到大，我们最亲近的人就是我们的妈妈。接下来我们一起来看一个动画短片，看看妈妈的爱与能量有多大吧。”

于是，我点开了迪士尼公司为母亲节制作的动画短片——这个短片包括迪士尼经典电影中所有与母爱相关的片段。孩子们津津有味地看着，时不时地还发出阵阵笑声。

“看完了动画短片，你们有没有想起自己的妈妈？”

孩子们齐刷刷地点点头。

“在刚才的短片中，我们看到了小飞象的妈妈、小鹿斑比的妈妈、长发公主的妈妈，等等。她们对自己的孩子都有着无微不至的关心与爱护，鼓励自己的孩子勇敢前行。那在生活中，你有没有感受到妈妈对你的爱呢？”我进一步追问。

“我妈妈每天都要帮我洗衣服，可辛苦了。”“我妈妈对我可好了，总是做我最喜欢吃的菜——红烧肉。”“我妈妈说只要我考得好就带我出去玩，上次她带我去了迪士尼呢！”孩子们七嘴八舌地讨论着。

“小管，你呢？”

“我妈妈也是关心我的，天气热了要我脱衣服，天气冷了要我穿衣服。我一天见不到我妈妈就会想她。虽然她很凶，但是她笑起来可好看了。”小管兴奋地说。

“是啊，只要我们用点心，在平时的生活中仔细观察，我们就会发现我们的妈妈真的太爱我们了。那么，你们爱你们的妈妈吗？”

“爱——”孩子们毫不犹豫地喊了出来。

“爱就要大声说出来，你们做得很棒！”

顺势，我在屏幕上点开了孩子们和妈妈的合照，同时配上抒情的音乐，一张张温馨的照片在大屏幕上不停地滚动，唤起了孩子们对往事的回忆。

“当我们还小的时候，我们的妈妈花了很多时间教会我们说话、走路、吃饭、穿衣服……我们渐渐长大，而我们的妈妈也在慢慢变老。让我们对自己的妈妈好一点，再好一点吧！每年5月的第二个周日就是母亲节，今年的母亲节是5月10日，也就是本周日。趁这个机会，让我们好好夸夸自己的好妈妈吧！我们还可以帮妈妈做些自己力所能及的事情，让妈妈真真切切地感受到我们对她的爱。好吗？”

“好的——”孩子们异口同声地回答。

母亲节这一天，班级微信群里热闹非凡。群里的妈妈们开心地展示着孩子们对自己浓浓的爱意，为孩子们的懂事而骄傲。而我，也为点燃了这一簇簇爱的火焰而开心着。

·链接10·

九九重阳敬老情

（尊老敬老话题）

上海嘉定区苏民学校·谢士波

“爷爷，怎么又是你来接我？我不想让你接我，我要妈妈接！”

“你妈妈要上班啊！”

“我就是不要你接，明天你不要来了！”

听着校门口的对话，看着爷爷无奈的表情，我不禁陷入了沉思。环顾四周，虽是初秋，但突如其来的强冷空气已让上海的一切瑟瑟发抖。校门口挤满了翘首以盼的老人们，他们在寒风中也紧缩着身体。学生们的父母大多忙于工作，很多家庭接送孩子上下学的重任就落在了老人的肩上，但是，不少孩子并没有意识到老人们的辛苦与不易。

重阳节就要到了，我决定开展一节重阳敬老主题的微班会。

“孩子们，你们知道后天是什么节日吗？”班里的孩子们一脸茫然。这在我的意料之中，因为重阳节是农历的节日，三年级的学生并不知道后天是农历几月初几；而且重阳节并不像国庆节、中秋节那样有法定的假期，很多孩子都没有想到是重阳节。

“让我们通过朗诵毛主席的一首词来找寻这个问题的答案吧！”说着，我在投影上打出毛主席的词《采桑子·重阳》。

“人生易老天难老，岁岁重阳。今又重阳，战地黄花分外香。一年一度秋风劲，不似春光。胜似春光，寥廓江天万里霜。”孩子们齐声朗读道。

“这首词的大意是：人的一生容易衰老，而苍天却不会老，重阳节年年都会来到。今天又是重阳节了，战场上的菊花是那样芬芳！一年又一年的秋风刚劲地吹着，这景色不如春天那样明媚，却比春天更为壮美，寥廓的江面和天空中泛着白霜。多么壮美的重阳节景色啊！今年是建党一百周年，通过这首词，我们可以感受到毛主席和共产党领导中国人民在革命中走过的峥嵘岁月！”我充满激情地说，“这首词的题目就是——”

“重阳！”孩子们齐声回答。

“重阳节可是有着悠久的历史的，让我们看个视频，来了解一下重阳节的来历和习俗吧！”我播放起视频《重阳》。视频生动地介绍了重阳节的起源、发展和民间习俗。

“视频看完了，我想请同学们交流一下自己的收获。”我提出了要求。

“重阳节居然有两千多年的历史了！”小馨同学说。

“重阳节是在农历的九月初九。”小宸同学说。

“重阳节也叫敬老节，是孝敬老人的节日。”小涵同学说。

“我了解到重阳节有登高、插茱萸和吃重阳糕的习俗！”小筠同学说。

“我知道了‘九’是阳数，九九相重，所以叫重阳节！”小榕同学说。

“同学们说得真棒！你们现在对重阳节了解得可清楚了！重阳节有着悠久的历史，在很多古诗中就出现了重阳节呢！我们再一起朗诵唐代诗人王维写的《九月九日忆山东兄弟》，来了解一下唐朝的人们是怎样庆祝重阳节的吧！”

“独在异乡为异客，每逢佳节倍思亲。遥知兄弟登高处，遍插茱萸少一人。”同学们大声朗读。

“哇！在唐朝时，人们就在重阳节登高和插茱萸啦！”小羽感叹道。

“是呀！在古代，人们就通过登高、吃重阳糕等活动庆祝重阳节啦！九九重阳，寓意健康长寿，直到1989年，我国政府将农历九月初九正式定为‘中国老人节’‘敬老节’了，重阳节就成为一个尊老、敬老、爱老、助老的节日。”我又说道，“提到老人，昨天放学时老师在校门口拍了张照片。看到这张照片，你想到了谁？他们都为你做了什么？”说着，我在教室的大屏幕上放出了我拍的许多老人接送孩子的照片。

“爷爷奶奶！”“外婆外公！”孩子们争先恐后地说。从他们的发言中，我们了解到，老人们不仅要接送孙辈们上下学，还要给他们做早饭、洗衣服、打扫卫生、整理书包等。

“爷爷奶奶、外公外婆的年纪都比较大了，身体也不像以前那么强壮了，现在他们还要为你们做这么多事情，你们说他们辛苦吗？”我问道。

“辛苦！”孩子们异口同声地回答。

“那么，我们是否也应该思考一下，我们能够为爷爷奶奶以及外公外婆做些什么呢？” 我又问道。

同学们各抒己见，有同学说：可以给爷爷奶奶捶捶背；有同学说：可以扫扫地；还有同学说：可以给他们倒杯水；等等。一句句关心的话从孩子们的嘴里脱口而出，很是暖心！

“那么，后天就是重阳节啦！同学们能为爷爷奶奶、外公外婆做一件暖心的事情吗？”

“能！”

“同学们，我们不仅要在重阳节尊老敬老，更要在日常生活的每一天尊老敬老！有一句古话‘老吾老以及人之老’，意思是在孝敬自己长辈的同时，还要尊敬其他老人。同学们，你们能够做到吗？”

“能！”这次是一阵声音更响亮的回答。

·链接11·

110，向人民警察致敬

（敬业担当话题）

浙江武义新纪元双语学校·谢瑞蕾

“长大了，你想当什么？”课间，我和孩子们聊天。

“当然是当警察啦，多威风！”小王坚定地说。

“这个志向很不错。可你知道警察是干什么的吗？”我接着问。

“抓小偷、抓坏人吧！”小王不假思索地回答。

“仅仅是这样吗？”我笑着追问。

小王挠挠头，其他孩子站在边上也满是疑惑的表情。其实，我知道孩子们对于警察的了解是有限的，因为在他们的生活中真正接触警察的机会并不多，但他们知道警察是正义的化身。

正值首个中国人民警察节到来之际，我想借此契机开展一节名为“110，向人民警察致敬”的微班会，让孩子们深入了解警察，感受警察的崇高与伟大。于是，我上网查找了有关警察的资料和微视频，制作了PPT，为这次微班会做好了准备。

周六整理课前，我刚踏入教室便问道：“孩子们，你们知道明天是什么节日吗？”说完，我又在黑板上写上了“1月10日”这几个字。

“不知道。”孩子们摇摇头。

接着，我把“月”和“日”字擦去，只留下“110”的字样。

“看到110，你们会想到谁呢？”

“警察！”孩子们异口同声地说。

“是啊，看到110，我们自然而然地就会想到警察。因为我们从小就知道，遇到危险可以拨打‘110’报警。从今年起，每年的1月10日，我们的人民警察都会迎来属于自己的节日——中国人民警察节。”

孩子们不由自主地鼓起了掌。

“看来大家都为我们的人民警察感到高兴呢。那你们知道警察有哪些警种吗？”

“我知道民警和交警。”小王快速地回答。

“是的，在我们的日常生活中，我们所熟知的就是派出所民警和交警。其实警察的警种还有很多，比如治安警、巡警、刑警、网警、特警、缉毒警、森林警、空警、狱警等几十种。虽然不同类型的警察职责不同，但毫无疑问，他们的存在，都是为了维护社会的稳定与安全。”说着，我点开了介绍各类警察的图片。

孩子们都瞪大了眼睛，看得津津有味，他们从来没有想过，警察竟然会有这么多不同的警种。

“警察的工作可以说是关系到我们生活的方方面面，与我们的生活紧密相连。就拿我们所熟知的‘健康码’来说，这是我们浙江杭州的民警钟毅在2020年2月疫情防控的关键时期用了48小时研发出来的。”

孩子们张大了嘴，觉得不可思议。

我继续说道：“警察所做的还有很多很多。我们一起来看一个微视频。”我又点开了微视频《致敬，中国人民警察》。这个微视频是由央视新闻制作的，短短两分三十五秒的视频里记录下了我们人民警察在艰难的2020年为人民所做的点点滴滴。

看完后，不少孩子的眼里噙满了泪水。

“看了视频，你们有怎样的感受？”

“我很感动，那么大的风雪，警察们还在运送物资。”“警察们真不容易，疫情防控期间都不能和家人在一起，视频里的小孩子只能通过手机见到自己的警察爸爸。”“特警在枪林弹雨中打击犯罪分子，好危险。”

“是啊，我们的警察为了保家卫国，舍小家为大家。其实在和平年代，警察是流血牺牲最多、最危险的职业。据报道，近十年来有3773名民警因公牺牲，平均一天就有1位人民警察离我们而去。有多少派出所民警因为劳累过度，倒在了自己的工作岗位上。又有多少缉毒警察隐姓埋名，不与家人联系，只为守护人民的生命财产安全。上个月15日，云南禁毒民警张子权因公牺牲，年仅36岁。26年前，他的父亲张从顺在抓捕毒贩的过程中壮烈牺牲。父子二人先后都为禁毒事业献出了生命。我们之所以有现在平安和谐的社会环境，就是因为我们的人民警察为我们守护着光明。”我沉重地说道。

孩子们默不作声，静静地听我诉说。

“明天就是中国人民警察节了，让我们把警察的故事讲给更多的人听，同时让我们怀着最崇敬的心情对你身边的警察说一句‘节日快乐’吧！”

第二天一大早，小王用妈妈的手机在朋友圈里发了一张致敬人民警察的图片以及这样一段文字：“敬爱的警察叔叔，您是盘旋天空的雄鹰，您是巡视草原的猎豹，您是我们的守护神！谢谢您的付出！祝您节日快乐！”

看到这条朋友圈，我的脸上忍不住泛起了微笑。我想，这次，孩子们一定真切地体会到了“人民警察为人民”的深刻含义。

第 6 招

网上视频巧运用

浙江武义新纪元双语学校·谢瑞蕾

随着科学技术的发展，人们发现视频具有画面生动、内容丰富、观看方便等特点，在微班会有限的时间里借助合适的视频能让学生收获更多。随着互联网的不断发展，网络上的视频资源层出不穷，如何用好网上海量的视频资源，我们需要在“巧”字上下功夫。

一、视频的选择

网上的视频资源很多，同一主题可能就有成千上万的素材可供我们选择。因此，我们在视频的选择上要慎重，要学会选取优质的素材，选取合适的视频。

我们可以选择人民日报、新华社、中国新闻周刊、央视新闻、澎湃新闻等主流媒体的视频，也可以选择百度百科、抖音、微信、微博等大众网络平台上的视频。由人民日报新媒体中心制作的微视频，拍摄手法高超，画面制作精良，传播主流价值观，充满正能量，特别有利于塑造学生正确的世界观、人生观、价值观，培养学生健全的人格，建议首先选用。

针对小学低年级学生年龄小、心智不成熟、喜欢看动画短片和儿童短剧的特点，我们也可以适当选择动画短片、儿童短剧类视频。优质的动画短片可从优酷、爱奇艺、腾讯视频等国内自媒体平台中筛选，内容可以是自媒体制作的动画短片，如《兔小贝公益广告》，涵盖了安全教育、生态环保、人文礼仪等内容；也可以是历年奥斯卡提名作品的动画短片、迪士尼制作的动画短片等。儿童短剧可选择湖南卫视拍摄的《中华文明礼仪之美》和由央视拍摄的公益广告。

二、视频的剪辑

因为微班会的时间较短，所以我们使用的视频不能过长，需要做一些必要的剪辑。我们可以使用快剪辑、剪映、VUE等视频剪辑软件。剪辑后的视频不仅能凸显主题，更能更有效地利用时间。一般来说，微班会的视频最好为1分多钟或两分钟，最多不要超过4分钟。

剪辑视频需要耐心，可以先看几遍，然后根据主题确定要剪的视频片段的时间，最后把多余的视频剪辑掉。如今的剪辑软件已让视频剪辑变得更加简单，不仅可以边看边剪辑，还可以根据需要添加合适的字幕和音效。

视频除了剪辑外，还可以编辑，将若干个视频片段编辑成一个短视频。例如，在本文链接的《加油，同学们》微班会中，我们将奥运会的精彩画面和残奥会运动员们的高光时刻两部分片段剪辑在一起，编辑成一个激励人心的短视频，激发学生的学习动力。

此外，因为剪辑视频需要花一定的时间，所以我们特别提倡要资源共享。我们可以利用百度网盘进行资源的整合和存储，并利用智慧校园平台、微信视频号、抖音等自媒体实现资源共享。

三、视频的使用

视频在微班会中有着重要的作用，我们可以在开始时就播放视频，让视频起到引入话题的作用。例如，我在《保护森林，防患未“燃”》的微班会中，选用了一个森林防火的公益宣传片《保护森林家园，防患于未“燃”》。视频的前30秒描绘了森林里一幕幕万物复苏的美好景象，而后1分钟则响起了消防警报的声音，画面中一颗火星引发了森林火灾，消防员们奋力扑救，当大火被扑灭时，森林已是一片焦土，满目疮痍。通过这个微视频引出话题，进而引导学生在清明节假期祭祖扫墓时，一定要注意文明祭扫。

我们也可以组织学生观看视频，围绕视频进行讨论，我们还可以用视频来收束全课，起升华主题的作用。例如，我在《一辈子，一件事》的微班会中，先讲述了袁隆平爷爷的故事。然后利用九位科研人员在农业领域的探索与成就的微视频《寻味房游记》，带领学生认识中国最顶尖的人才，明白他们都是一辈子做好一件事的最佳典范，都是我们学习的榜样。最后引导学生从他们身上学会做事要坚持，不怕苦不怕累的良好品质。

播放视频进行专题讨论，这是最常用的方法。在实践中，不少老师还喜欢叫“暂停”，以引起孩子们的注意，当然叫“暂停”时，老师提前准备好合适的问题很重要，这样才能引导学生深入思考。例如，我在上《对欺凌勇敢说“不”》微班会时，选择了一个与校园欺凌有关的微视频《失物招领LOU》。微班会伊始，我们先播放了一小段视频，然后按下暂停键，问学生“在视频里，他们看到的是一个怎样的小男孩？”由此引出“校园欺凌”的话题，接着让学生明白欺凌是校园暴力的一种，然后再进一步探讨如何应对欺凌，最后，我们把微视频的剩余片段播放完，让学生看到完美的结局。从而引导学生从小事做起，讲团结、讲友爱，勇敢地向欺凌说“不”。

在微班会中巧用网上视频，不仅能激发学生的参与兴趣，还能深化微班会的主题，真正让学生在有限的时间内获得成长。

·链接12·

加油，同学们

（努力奋斗话题）

浙江武义新纪元双语学校·谢瑞蕾

今年的“秋老虎”格外凶猛，连续几日高达36℃的天气让孩子们在新学期伊始就提不起劲儿来。

“天气太热了，我只想在家里吹空调吃冰棍。”小陶叹气说道。

“我太难了。”小李也唉声叹气，一脸无奈的模样。

看着孩子们无精打采的样子，我想该给孩子们开展“加油，同学们”的微班会，来为孩子们加油打气。那么，该用什么素材来激活孩子们的动力呢？我瞬间想到了前不久在日本东京拼搏的奥运健儿们。于是，我赶忙上网找到两个与奥运会、残奥会有关的视频，把它们剪辑在一起。我还搜集了一些奥运健儿的图片，又找了一首加油歌，做好了万全的准备。

第二天一大早，我就在教室里静静地等待着孩子们的到来。每当有一个孩子踏入教室时，我都会笑着挥挥手迎接他，并说道："早上好！"原本还有些迷糊的孩子，看到我这样也开心地向我问好。待全员到齐，微班会就开始了。

"同学们，今天这节微班会就让我们一起为自己呐喊助威吧！"说罢，我在黑板上写上了"加油，同学们"几个大字。

看着黑板上的大字，孩子们有些疑惑，不知道我的葫芦里卖的是什么药。

"老师，该怎么加油呢？"小王说出了大家的疑惑。

面对小王的提问，我微微一笑："今年暑假的东京奥运会，你们看了吗？"

"看了，看了。""我们国家的杨倩获得了奥运会首金。""全红婵跳水可厉害了，跳了三个满分呢！"顿时，孩子们的话匣子打开了。

"看来你们都看了这个国际性的赛事。"我拍了拍手示意孩子们安静下来，"接下来，就让我们一起回顾一下我国奥运健儿们在东京奥运会上的精彩表现吧！"说着，我点开了微视频《精彩东奥回顾》。

这个微视频由两部分组成，第一部分再现了本次奥运会的精彩画面。第二部分为残奥会的内容，再现了我国残疾人运动员的高光时刻。整个视频节奏激昂，同时配上了激励人心的文字和话语，让同学们不由自主地也振作起精神，充满了希望。

孩子们津津有味地看着，不时为视频里的奥运健儿们欢呼鼓掌。看完后，孩子们的眼里好像有了光。

“看完这个视频，让你们印象最深刻的画面是什么呢？”我问道。

“我印象最深的就是奥运健儿们在赛场上顽强拼搏的模样，他们不怕苦不怕累，即便遭遇失败也绝不放弃奋斗！”小陶抢先说道。

我点点头表示肯定，接着点开了一张图：“你们看，这是此次获得东京奥运会铅球金牌的巩立姣，这是她第四次参加奥运会了。为了这枚金牌，她整整练了21年的铅球。她夺金后对着镜头，饱含热泪地说了一句话：‘人一定要有梦想，万一实现了呢！’”

“我印象最深的是那些残疾人运动员。虽然他们身有残疾，但他们在赛场上的模样绝对不输身体健全的人。他们真的太棒了！”小徐也举手发言。

“是啊，这是获得残奥会女子50米自由泳S11级比赛冠军的马佳。因为有荷兰运动员的投诉，这场比赛她们比了两次。但我们的马佳并没有被影响，第二次依然获得了冠军。残奥会运动员们并没有因为残疾，就放弃对生活的希望。他们依然努力。就像视频里说的那样‘人可能会有残缺的身体，但不会有残缺的生命。人可能有伤痛的瞬间，但不会停下追梦的脚步’。”

“同学们，这几天天气炎热，可以说是史上最热的开学季。你们是不是感觉提不起精神，不太想学习？”我关切地问道。

“是的。”孩子们不好意思地回答。

“我理解你们。但是在生活中，我们会遇到很多的困难与挫折，让我们互相鼓励，互相点赞，就像我们给奥运健儿们加油那样，给自己加加油，给同学加加油，这样一切都会变得不一样。那些太难了的，会变成太难以置信了。那些战胜不了的，其实也没什么大不了。最后，老师送给你们一首歌《加油!AMIGO》。加油，同学们！”

课后，我将奥运健儿的全员彩图设为桌面背景，然后循环播放着这首动感的歌曲，调动孩子们的感官，让孩子们又变得活力满满，眼里充满着希望。

·链接13·

我们好好玩

（校园安全话题）

浙江武义新纪元双语学校·王庆

玩是孩子的天性，在玩耍中，孩子能释放能量，激发潜能。玩也是孩子最喜欢的活动方式和最开心的时刻，在与同伴玩耍时，他们学会了交际；在与自然共处时，他们学会了探究。作为老师，我喜欢让他们玩，但如何安全健康地玩耍，是需要每个老师时刻关注提醒的。于是，我开展了一节微班会，以培养孩子的安全玩耍意识。

一进教室，我就对孩子们说：“今天我们来谈——玩。”听说谈玩，孩子们兴奋极了，一时间炸开了锅。

“你们喜欢玩什么呢？”我的话音刚落，一只只小手就迫不及待地举了起来。放风筝、踢足球、打篮球、捉迷藏、比赛跑步、魔方……孩子们喜欢玩的游戏可真不少。

“大家都喜欢玩，但你们知道玩的时候应该注意什么吗？”我问道。“要注意安全！”大家异口同声地回答。

“光会说，不拿出行动可不行，在游戏的过程中，你能意识到危险在哪里吗？”我一边说，一边在屏幕上展示出几幅儿童玩耍的图片。“请大家看一看，在这些地方玩可能会有危险吗？如果有，危险藏在哪里呢？”

小王同学像发现了什么似的举手答道：“在池塘边放风筝，眼睛要注意脚下，要小心，不要掉到旁边的池塘里！”小朱好像回想起什么似的点点头：“没错！我去年去田野里放风筝，没顾上看路，摔倒了，膝盖流了好多血！”我应和道：“春天的时候，我们喜欢在田野里放风筝，眼睛除了盯着风筝，还得注意脚下。”

小陈同学说：“在坐旋转木马的时候，我们不可以在上面和朋友打闹，因为坐不稳就会摔下来。”我补充道：“旋转木马是大家去游乐园最爱玩的项目，在旋转的过程我们要保证稳稳地坐在马背上。”

“看来大家都有安全意识，现在我们来当当安全警示员。说说看，遇到这样的情况，你会告诉他什么？”我播放起视频，“如果你看到危险的地方，请马上示意老师暂停，阻止危险的发生哦！”

视频里放着三个孩子在玩捉迷藏，围着一扇门转来转去做鬼脸的画面，同学们都被逗得哈哈大笑，并没有人意识到有安全隐患。于是我暂停了视频，说：“老师经常在课间看到有人在玩这样的游戏——围着门转来转去，但是这样做，我们很有可能会被门缝夹到手指，也会影响到正常进出教室的同学，是不是？”大家纷纷点头赞同。

有了我的提醒，大家看视频的眼神更加专注了。当视频播放到一个孩子想在湖面上滑冰时，大家还没反应过来，小许同学就大声喊了起来："有危险！湖面上的冰很薄，我们不能在上面玩，要去专门的滑冰场玩。"我暂停了视频，表示赞同。当画面里出现一个孩子想要跳下高台阶玩的时候，孩子们都争先恐后地喊道："有危险！""不可以从高处跳下来，腿会受伤的！""老师快暂停视频吧！"看到大家的反应，我心里十分欣慰。看来，大家都有了较强的安全意识。

但安全意识和规则还得趁热打铁，要把它们落到实处。同学们在学校里学习，大部分时间都在教室里活动，于是我提议："我们一起来做安全提示牌，放到可能会有危险的地方，让大家玩得更安全。"说做就做，我们以小组为单位，观察教室里大家活动比较多的区域，在有潜在危险的地方放置安全提示牌，讨论安全提示牌上的形状和内容，制作出好看又醒目的提示牌。

我静静地看着同学们热烈地讨论。没多久，教室的门后，柜子的柜角，走廊的墙边等都贴上了同学们亲手制作的安全提示牌，提醒大家轻轻地开门，注意尖锐角落，走廊慢走不玩耍……

"同学们，下课休息娱乐，要玩得开心，更要玩得——""安全！"

"零零零——"下课铃响了，原来爱跑爱冲的小傅同学，一反常态地慢步走出教室。平时爱冲撞爱打闹的男孩们，变得更加稳重了。他们还互相提醒要注意安全。

我想，安全意识的渗透，在于生活习惯中的点点滴滴。希望孩子们无论在任何时候，都把安全记在心里，落实到行动中去。

第 7 招

自拍视频也精彩

上海嘉定区苏民学校·陈庭娟

视频的好处大家都很清楚。要上好微班会，我们应该用好视频。而自拍视频具有针对性强、实用性强的特点。班主任要努力提高自拍视频的质量，让自拍的视频也精彩。

一、提高自拍视频的技能

班主任首先要努力掌握自拍视频的有效方法。视频大家都会拍，但有时只是拍，而没有结合工作实际研究最有效的方法。经验告诉我们，自拍视频时，拍摄的景别可分为远景、全景、中景、近景和特写五种。远景一般不会用。全景多拍摄课堂环境、学生活动、教师教态等；中景多拍师生对话；近景则用于拍学生回答问题、朗读、讨论，教师讲课、写板书、做演示等；特写用于拍师生面部表情、神态细节变化等。

针对不同的主题，我们要选择合适的景别，要保持画面的构图平衡。而恰当地选用镜头，也是取得高质量拍摄效果的关键。推镜头就是突出学生，起到强调局部的作用；拉镜头强调的是学生与整个情景或场景的关系；跟镜头是画面始终跟随一个学生，保证学生一直处于一个相对稳定的位置上，以展示学生的神情变化和姿态变化；必要情况下，情景或者场景过于复杂多变时还要考虑移镜头，同时移动镜头要有规律、平稳。

班主任为微班会提供素材时，最需要提供近镜头和特写镜头的画面。而本文链接的微班会《出操都要讲规范》中的视频，就使用了这些拍摄手法。

二、指导家长自拍视频

家长是班级中最丰富最宝贵的校外教育资源。许多班主任喜欢请家长自拍视频，以配合学校教育。为提高自拍视频的质量，班主任可发告家长书，做必要的提醒。告家长书可为：

尊敬的____________家长：您好！

诚邀您为我班主题班会录制视频，本次班会主题是：_____。请您谈一谈对____________________看法。

为提高视频录制质量，根据我们过往的拍摄经验，请您在拍摄过程中注意以下几点：

1.事先拟好文字稿。可将文字稿发给我看一看，确保话题有侧重，以便统筹。

2.拍摄时，请固定好手机（相机），保证画面稳定，不抖动。建议采取横屏近景拍摄法，将人物置于画面中央。

3.讲话声音响亮、吐字清楚。友情提示：您如果说话声音小，同学们听不清楚啊！

4.视频时长一般不超过2分钟，短一点没关系。

5.还要提醒您，要注意背景整洁，因为同学们对画面的观察“细致入微”。

衷心感谢您的支持！

________班班主任__________

_______年______月_____日

三、鼓励学生自拍视频

学生是班会的主体。微班会时间短，时常需要组织学生自拍视频。学生自拍的视频，大多是录制表演的小品。这样可以节省时间，保证观看的效果。拍摄时应注意：1.中心人物不能多，一个或几个学生即可。学生的行为、言语和情绪变化都构成了视频的主线。必要情况下，可以适当加入学生的特写，正面拍摄几个镜头，可以多拍一些近景、特写等镜头。2.录制视频时学生表达要流利，吐字要清晰；要把握说话的速度，语调恰当，音量适中；动作要注意细节。

用心拍的视频不仅能丰富微班会的内容，向学生传递更直观的特定信息，还能更生动形象地教育学生。

·链接14·

出操都要讲规范

（出操行规话题）

广东深圳市宝安区流塘小学·邹小苑

“同学们，最近我发现班上有些同学出操动作不规范，注意力不集中，队伍不整齐，步伐不一致，影响了班级的整体风貌。”我一脸严肃地说。

话刚说完，班长小尉就站了起来，气愤地说：“就是小辰、小博等同学不好好踏步害的。”

“有比较才能做得好。我们现在来看看三年级大哥哥大姐姐的表现，来对比一下吧！”说着，我点开了三（3）班的出操视频。这是钟伟强副校长特意拍摄的视频。在拍视频时，他特意使用了特写镜头和持续跟踪的拍摄方法。在视频里，大哥哥大姐姐们昂首挺胸、精神抖擞、动作协调、步伐一致。看完视频，好多同学已把手举得高高的，都表示要发言。

“他们的摆臂都是一条线。” 小豪一边摆动手臂一边说。

“他们有团队精神。” 小灏激动地说。

“他们遵守出操规范。” 小轩站得笔直地说。

“重音在左脚，轻音在右脚，他们每一个同学的踏步动作都很规范。” 小泽若有所悟地说。

“他们注意力集中，抬头挺胸，动作有力、到位。” 小皓的话语中充满了敬意。

我笑着说：“同学们观察很仔细！是啊，他们遵守出操要求，动作规范、有精气神，这也是我们学校的出操礼仪要求。同学们，你们想不想看看我们班的出操视频，看看视频中自己在出操时的表现？”

“想！”同学们的回答声不是很响亮，我知道他们有点不好意思。我播放了本班的出操视频，也有意往前拉近了镜头。视频中的他们确实存在不少问题，有同学已悄悄地低下了头。

“发现问题了吗？”我问道。

做事很较真的小宇说：“我们班的摆臂像断了的绳子一样。”

语文课代表小韬说：“有些同学懒懒散散，像生了病似的无精打采。”

副班长小媛说："有些同学注意力不集中，东张西望。有些同学在说悄悄话。"

"表扬我们班出操动作有力、到位、认真的同学，你们是同学们学习的榜样！但我们班确实有些同学出操不认真，动作不规范。他们的举动也影响了班级的评分、班级的形象。那么怎样解决这个问题呢？"我稍作停顿，目光注视着全班说，"我们再来看个视频吧。"

视频介绍的是"木桶理论"。一个木桶盛多少水，并不取决于最长的那块木板，而是取决于最短的那块木板。一个木桶想盛满水，必须每块木板都一样长。这是美国管理学家彼得·德鲁克的研究成果，被称为"木桶原理"。

"同学们，决定一个木桶储水量多少的不是最长的木板，而是最短的木板。我们拿木桶来比喻团队。木桶装水的多少决定一个团队的实力与竞争力。那么，一个团队不能有过短的木板。我们班就是一个团队。班级是由每一个同学组成的，正如一只木桶是由若干块木板组成的一样，希望同学们努力提升自己，不做最短的木板。出操也是如此。"我恳切地问道，"你们能不能努力做到？"

"能！"同学们异口同声地说。

"现在请同学们重温我们一起编制的出操要求和规范动作的出操歌谣，我们一起来诵读！"说着我投影出了PPT，全班同学放声诵读：

出操前，快，静，齐。前三后四有序出，上下楼梯靠右走，两两对齐不推挤，整队行走快静齐。

进退场，快，静，齐。目视向前方，手臂呈直线，脚尖要朝前，两腿要抬高，重音在左脚，踏步要有力，抬头和挺胸，精气神十足。

“重温了出操歌谣，我们还需要把它们落实到行动上。”我请了两组同学上台做动作。另一组是平时出操动作规范的同学，一组是需要加强训练的同学。

随着踏步音乐响起，他们一个个抬头挺胸，动作到位，台下响起了热烈的掌声。这种效果正是我想要的，我很欣慰。

我微笑着说：“同学们，今天大家做得非常棒！有个别同学如果动作不够到位，可以回家对着镜子多练练。而更重要的是在于坚持，在于严格要求自己。我希望同学们每次出操都认真投入，同学之间相互监督、相互提醒。希望每一个同学牢记出操规范，养成良好的习惯。”

上完课后的第二天出操，我惊喜地发现同学们出操有了明显的进步，“目视向前方，手臂呈直线，脚尖要朝前，两腿要抬高，重音在左脚，踏步要有力。抬头和挺胸，精气神十足”，讲规范，重礼仪，我想若能持之以恒，收获将是多多的。

第 8 招

名人故事作引领

湖南岳阳市岳阳楼区花板桥学校·王琼

心中有榜样，行动有力量。每一位名人都有着令人钦佩和感人的事迹。他们的崇高精神、杰出的贡献、不懈努力的故事，不但让人感动，而且也让他们成为人们学习的榜样和力量的源泉。特别是小学生的模仿能力强、可塑性强，通过聆听名人的故事，向名人学习，能让事情变得更有意义。

而微班会时间短，如果我们能在较短的时间内，讲好名人故事，必将在他们心中掀起波澜，激励他们努力成为“真正想成为的人”。

那么，怎样在微班会讲好名人故事呢？

一、用心收集选好材

在信息社会，我们可以通过手机、电脑、书籍等渠道快速、方便地查找资料，但名人故事也是多得不可胜数，因此我们要尽量选取名人的典型故事，这样不仅能激发学生的正能量，引发学生的思考，还能达到教育的目的。如本文链接中的微班会《做一粒好种子》，班主任李老师选取的是袁隆平院士的故事。袁隆平院士被誉为“杂交水稻之父”，他为我国和世界的水稻种植做出了卓越的贡献。李老师紧扣袁隆平院士的贡献，讲述袁隆平院士的梦想、袁隆平院士的研究、袁隆平院士的名言“人就像种子，要做一粒好种子”等故事。这样的名人故事对孩子们的成长有着重要的引领作用。班主任要有心建设自己的名人故事资料库。平时多阅读，多了解名人的生平；看到好的名人故事就下载并收集；在开展专题教育时，应根据实际情况进一步查找资料，选取符合学生实际情况的名人故事。

二、生动讲述方法多

对小学生来说，怎样讲好名人故事很重要。微班会时间短，我们可以通过观看视频来了解名人的生平、名人的故事。学生在观看视频的过程中，能够直观地、真切地感受到情节带来的感动与震撼。在本文链接的微班会《做一粒好种子》中，李老师用了三个视频向学生介绍袁隆平爷爷。三个视频在孩子们的心中播下了一粒好种子。

而老师或同学讲述，是我们在分享名人故事时用得最多的方法。为了增强故事的感染力，我们可借助PPT。在画面的配合下，进行生动的讲述。无论是老师讲故事还是学生讲故事，熟悉、流畅、有感情，是基本的要求。为了提高学生讲故事的效果，老师应对学生进行必要的试讲，并对试讲过程中出现的问题进行指导。比如声音要响亮，要和听众有眼神交流。在开微班会时，如学生讲述出现声音太小、过于拘束等问题，老师可做必要的提醒。

我们还可以通过音频聆听名人故事，例如“学习强国”“喜马拉雅”“荔枝”等软件都可以下载音频。

三、名人故事伴我“行”

我们讲名人故事，是希望同学们向名人学习。因此在讲故事时，应注意将自身与名人作比较，要引导学生学习名人的优良品质，产生情感共鸣，并能把这种品质运用到平时的学习生活中去。如本文链接的微班会《天空在脚下》中，文中的走钢索大师贝利尼感动于米瑞的“坚持”，也因“坚持”克服了自己的恐高，最终两人一起优雅地穿越了天空。通过这个故事，王老师让孩子们联系自己学特长遇到困难时，要努力克服，要学会坚持。孩子们的回答令老师欣慰，坚持的力量在他们的心中生根发芽，他们会感于心，践于行。我自己也上过一节微班会《地球也需你关爱》，课上我讲述了我们家乡岳阳环保英雄朱再保爷爷的故事，朱再保爷爷是一位退伍军人，他把自己的后半生全都奉献在岳阳的环保事业上，被评为“全国模范退役军人”、“中国十大社会公益之星”、首届“中国十大民间环保杰出人物”、“绿色中国年度人物”，孩子们入神地听着。在交流环节中，大家纷纷表达了自己的真情实感，他们表示要向朱爷爷学习，会把家里卖废品的钱都捐献出来，养成随手捡起身边的垃圾的好习惯，立志要做岳阳环保事业的接班人，朱爷爷的精神引领了他们成长。

名人故事作用大，让我们走进学生的精神世界，鼓励他们与心中的榜样人物同频共振，成为最好的自己。

·链接15·

做一粒好种子

（理想教育话题）

上海嘉定区苏民学校·李　婷

“小朋友们，上周末许多人的朋友圈都被一个消息刷屏了，人们听到这个消息后都很心痛，也很悲伤，因为有一位大家非常敬仰的老爷爷离开了我们，他的名字叫‘袁隆平’。你们看——”我点开了视频，“在蒙蒙细雨中，许多市民追着灵车，发自肺腑地呼喊着：‘袁隆平，请走好！’”

一个个镜头慢慢地映现，孩子们深受感动，教室里异常安静，有几个孩子还悄悄地抹起眼泪。

“为什么袁隆平爷爷逝世了，大家会这么心痛，这么哀伤？今天，就让我们了解一下这位非常受人尊敬的老爷爷的生平吧。”说着我播放了央视新闻联播节目中介绍袁隆平的视频，50秒的短视频，介绍了袁隆平的光辉一生。他是“杂交水稻之父”，为了“禾下乘凉梦”，进行了不懈的努力，解决了中国人吃粮难的大问题，也为人类社会的生存与发展做出了巨大的贡献。

想到这些名词，孩子们可能不是很明白，我便告诉孩子们：“周末听到袁爷爷去世的消息后，无数悼念的文字拨动着我的心弦。我想，一定要让你们，我的学生也走近这位名人，我们一起了解袁爷爷、感恩袁爷爷、学习袁爷爷。因此，老师特意在家长群里做了布置，‘听爸爸妈妈讲袁爷爷’。老师想问，从刚刚的视频和爸爸妈妈的口中，你了解的袁爷爷是个怎样的人？”

我刚说完，孩子们就纷纷举手：“袁爷爷是个科学家！”“袁爷爷是杂交水稻之父！”“袁爷爷让我们吃饱饭！”“袁爷爷是当代神农！”

“是啊，过去很多人忍受着饥饿，经常有了上顿没下顿。中华人民共和国成立后，青年的袁隆平立志要改变现状，他决心做好一件事，让中国人有饭吃。每天，他都拿着放大镜，弯腰寻找中意的稻穗，在稻田里一待就是一整天。”我边说边在投影上映出袁隆平在稻田里的照片。教室里鸦雀无声，学生们盯着图片，看得很认真。

“经过袁爷爷坚持不懈的努力，他终于获得了成功！他成为我们国家研究与发展杂交水稻的开创者，成为世界上第一个成功利用水稻杂交优势的科学家。他被称为‘杂交水稻之父’。”

“袁爷爷一直说，他有两个梦想，我们再来看看这段视频。”说着，我播放了记者采访袁隆平的视频，视频中袁隆平深情地说：“我一直有两个梦想，禾下乘凉梦和杂交水稻覆盖全球梦。”他说，他曾经梦到田里的水稻长得比高粱还高，穗子有扫帚那么长，谷粒有花生米那么大，他坐在稻穗下乘凉。袁爷爷的禾下乘凉梦，在他和他的团队的不断努力下，正一步步成为现实。而袁爷爷的杂交水稻覆盖全球梦，也正在逐步实现中。

“这几年，袁爷爷虽然年事已高，但他还在为实现自己的这两个梦而努力着。”我告诉孩子们，他一直坚守在科研第一线，不断向杂交水稻更高产的目标迈进。因为他的努力，解决了中国人吃粮难的问题。“一稻济天下。”“粒粒稻香，功在千秋。”“解决中国人吃饭难的大功臣。”这些都是人们对袁爷爷由衷的颂扬。

“人就像种子，要做一粒好种子。”我又出示了袁爷爷2019年11月28日的题词，“袁爷爷的这个题词，也是他的人生写照。他做了一粒好种子，不仅让中国人养活了自己，而且还帮助其他国家解决了粮食危机。他做了一粒好种子，他的事迹、他的功绩感动了许许多多的中国人。大家都决心要像袁爷爷那样做一个有梦想的人，做一个坚持的人。那么，听了袁爷爷的事迹，你想做一粒怎样的种子？你会怎么做呢？”

一石激起千层浪，小朋友们又争先恐后地举手发言：“我想做一粒吃苦耐劳的种子！”“我想做一粒爱国的种子！”“我想做一粒坚持不懈的种子！”“我想做一粒创新的种子！”

一个个稚嫩的声音响起，述说着他们的心声。我听着非常高兴，情不自禁地鼓励他们：“希望你们做一粒好种子，在祖国的大地上，生根、发芽、开花、结果，老师期待你们将来硕果累累！”

·链接16·

天空在脚下

（坚持努力话题）

浙江武义新纪元双语学校·王　庆

如果你要问我们学校的孩子们，什么是他们最喜欢的课程，很多孩子会兴奋地抬起头回答你：“快乐时光！”

没错，孩子们每天都有足足一个小时的时间学习“快乐时光”

课程，这门课程由孩子们根据自己的兴趣选择，课程可以选择的内容也非常多样，如乐器、阅读、体育等，帮助孩子们从不同方面拓展他们的能力。

可是渐渐地，“快乐时光”变成了有些孩子的“痛苦时光”。有的孩子开始抱怨大提琴太难，有的孩子向爸爸妈妈哭诉形体课拉筋太疼，有的孩子问我能不能换一门更有意思的课程。都说兴趣是学习的最大动力，可是光有兴趣，就一定能学好吗？现在孩子们遇到的问题我该怎么解决呢？于是，一节微班会，一本绘本书，我们的教育故事就这样展开了。

“今天，老师要给大家介绍一个世界著名的走钢索大师贝利尼。你们知道走钢索吗？听了老师的话，你有什么想法？”听我这么说，孩子们立刻有了兴趣，七嘴八舌地回答：“知道。走钢索很危险的！”“我好佩服他。我非常怕高！”“我想看看他走钢索的样子。”“我也想学。”

于是我接着话题说：“有一个叫米瑞的孩子，和你们一样崇拜他，想向他拜师学艺，可大师拒绝了她。于是米瑞开始了自己的学习之旅。”随着一页又一页的绘本画面，孩子们的内心也跟随着米瑞一起跳动。看到“在晴朗、明媚的天空之下，米瑞在经历了无数次的摔跟头和跌倒后，终于学会了在钢索上行走、跑动、跳跃、平躺、行礼甚至翻跟头，她不禁高高跃起，几乎就要与天空融为一体”，孩子们忍不住为坚持不懈的米瑞鼓起了掌。

而故事到这里并没有结束，当米瑞求贝利尼带她向更高的领域进发时，贝利尼又一次拒绝了她，原因竟是“害怕”——贝利尼在钢索上害怕了。原来大师自己也害怕高空。在米瑞的鼓励下，贝利尼终于决定直面内心的恐惧。在这个特别的夜晚，喧闹的人群没有注意到光环里贝利尼内心的挣扎，人群中的米瑞毅然奔向光环中的贝利尼，她爬上天台，在满天的繁星之下，米瑞和贝利尼一同穿越了天空。故事的最后一幕，两人专注的神情、优雅的动作摒去了一切的嘈杂，这个画面深深地烙印在了孩子们的脑海里。

我问同学们："米瑞和贝利尼通过坚持与努力，克服了自己的困难。特别是米瑞，她对走钢索非常有兴趣，在被贝利尼拒绝之后也并没有放弃，而是依旧刻苦地练习。看现在他们脚下的天空多么美丽呀！其实最近在上'快乐时光'课程的时候，老师听到了许多抱怨和放弃的声音。这门课程是你们自己选择的，相信你们一开始也都非常喜欢它，可是我们在学习的过程中，遇到了许多困难，这个时候你是像贝利尼一样因为害怕而放弃，还是像米瑞一样努力坚持呢？"

孩子们纷纷表示应该像米瑞一样，不害怕困难，继续坚持学习。"虽然坚持很累，但是站在高空上的他们都很厉害！我也要像他们一样！""我肯定能坚持学好！"听到这样的回答，我欣慰地笑了。

"达·芬奇画了一千个鸡蛋才领悟了绘画的意义，爱迪生实验了上千种材料才发明了电灯泡，居里夫人从上千吨矿石中才提炼出了'镭'，袁隆平爷爷也是经过成千上万次的实验才研究出我们所需要的高产粮。"

这一个个数字触动着孩子们的内心，也让他们明白了坚持的不易。学生时代是做梦的时代，每个孩子都有自己的梦想，追求梦想，为梦想而努力。但是实现梦想的过程，单靠一点热情和喜爱是远远不够的，还需要他们不断地坚持和练习。

相信因为这个温暖的故事，因为这一节“坚持”话题的班会课，会让他们的“快乐时光”更加快乐，让他们的追梦之路更加坚定。天空下，沉浸在快乐时光课程里的孩子们会露出最为幸福的笑容。

第 9 招

学生故事常分享

山东潍坊高新区新纪元学校·孙萍

教育常常需要我们讲一个好故事。而如果故事讲述的是学生自己，他们会特别感兴趣。因为是他们自己的故事，他们会觉得很亲切，而且也能反映他们当时的真情实感；因为是他们自己的故事，他们会觉得很接地气，而且也能展示他们的成长经历；因为是他们自己的故事，他们会觉得更有分享价值，同学们也能从中借鉴学习。

所以，要上好微班会，班主任应做到学生故事常分享。

那我们该如何做好学生故事常分享呢？

一、熟悉班情，唤起学生关注

学生是班级管理的主体，班主任必须充分了解自己班级的情况，把握学生的发展状态，了解学生的成长故事，为做好班级管理夯实基础。只有充分了解学情，才能生动地讲述他们的成长故事。如本文链接的微班会《偷偷长大的龟背竹》中，吕若怡老师充分了解了本班班情——小学低年级的孩子做事常常只有三分钟热度，却并非没有担当，他们当中也有做得很好的，只是需要我们去发现，去了解。所以吕老师没有用长篇大论的说教让孩子们明白“责任”的重要性，而是让他们通过观察开学后植物的变化，发现他们没有照顾的绿植们却“偷偷”长大了，让他们思考为什么会这样，唤起孩子们的好奇心，从而引出本班一直默默照顾绿植的“小园丁”言言。特别是吕老师通过播放言言照顾班级绿植的视频，让孩子们聆听言言讲述照顾植物的心得，引发了孩子们的关注。这样的做法，给孩子们树立了一个榜样，也让孩子们对“责任心”有了更深刻的理解。

二、讲究方法，鼓励学生分享

叶圣陶先生说：“教师之为教，不在全盘授予，而在相机诱导。”所以我们在让孩子们分享自己的故事时也要讲究方法。如本文链接的微班会《催开自信之花》中，班主任韩老师从入学时便发现孩子们都比较内向，面对一些机会也不敢主动去争取，平时开展活动时虽然也会鼓励他们，但是收效甚微。所以韩老师在后面的评选活动中，也尝试了新的方法，来帮助孩子们转变观念，让他们养成积极向上、学会努力争取机会的好习惯。而本文链接的微班会《谁是英雄》，让孩子们认识到自己也是英雄，也能成为英雄，更增强了他们的自信心。

三、关注发展，引导学生成长

要讲好故事，学生是需要学习的。经验告诉我们，讲故事应做到“五要”：声音要响亮，吐字要清楚，叙事要生动，神情要自若，语气要丰富。很多小学生还做不到这些，这就需要班主任及时指导他们。当然最好的学习莫过于教师的示范与学生的实践。班主任在掌握讲故事技巧的同时，也要鼓励学生多学习，多做事。在“多学习，多做事”的过程中，进一步引导学生从中总结讲故事的经验，从而讲好故事。在本文链接的微班会《催开自信之花》中，我们看到韩老师一直在鼓励学生讲自己的故事。但从学生讲故事的水平来看，孩子们讲故事的水平还有待进一步提高，这就要求学生做必要的准备（书面或口头）、必要的练习。针对这样的问题，我们可以召开微班会分享专题故事，这样能更好地引导学生成长，学生的收获也会更大。

乔恩·弗兰克林说：“故事就像是雪花，看上去差不多，但是每一片都不一样。”我们遇到的每一个孩子都是独一无二的天使，每个人都有自己的成长故事。如果我们经常让他们交流和分享，那么我们的工作将会事半功倍。

·链接17·

偷偷长大的龟背竹

（责任教育话题）

上海新纪元金华丰子恺学校·吕若怡

春天来了，孩子们带来的绿植给教室增添了不少生气。为了培养他们的责任心，我帮助孩子们一起查找资料，记录了每盆绿植的养护注意事项，将照顾绿植的任务交给了它们的小主人。

起初，到了浇水时间，孩子们都会兴冲冲地拿着喷壶给自己的绿植浇水。可时间一长，我便发现一些孩子的喷壶上已经落满了灰尘，就连教室后面的绿植，也大都变得萎靡不振了。

我预想到会出现这种情况，并深知，责任心教育要落实到生活中去，小学低年级的孩子做事情只有三分钟热度，但并不代表他们没有担当，作为教师有必要把握好机会适时地引导学生。

班会课，我让孩子们将自己的绿植摆在课桌上，并让他们观察讨论这些绿植较开学时有哪些变化。

“我的多肉大了不少，颜色也更漂亮了！”涛涛惊喜地说。

“你们看我的银皇后，叶子比之前大了好多，真神奇！”

大家你一言我一语地讨论着，小硕看着自己的龟背竹纳闷起来：“吕老师，我都好久没给我的龟背竹浇水了，为什么它越长越精神了呢？”

听完小硕的话，萱萱也说道：“我已经好几周没有打理我的绿萝了，前几天我还看见它的几片叶子有些发黄，可今天再看它却是碧绿碧绿的，真奇怪。”

我见孩子们发现了这个问题，便问道：“同学们，如果我们不按时浇水、不定期养护绿植，它们可能就在不经意间枯萎了。那为什么我们班级里的这些绿植都还好好的呢？”

孩子们更疑惑了。“老师，是你在帮我们照顾绿植吗？”元元猜测道。

“难不成是校园里的那位园丁爷爷，我看他打理花草既专业又仔细。”

我微笑着摇摇头：“都不是，这位小园丁就在我们中间哦！”

我偶然发现了这位小园丁的事迹，为了将它更直观地展现出来，我特意从监控室收集了素材来制作了一段视频。在征得言言同意后，我将他默默照顾绿植的故事分享给了孩子们。视频中，言言早早地来到了教室，他仔细对照着每盆植物上的注意事项，用喷壶定量给绿植们浇水，还在自己的本子上做好记录。他替萱萱的绿萝清理枯萎的叶子，将涛涛的多肉摆在可以晒到阳光的窗台上，用手帕擦拭着小硕的龟背竹叶……

看着视频里言言的一举一动，孩子们像是被触动了，都沉默了下来。我请言言上台，分享一下他最近照顾植物的心得。

“起初，我看到小硕的龟背竹的叶子有些发黄，提醒他一定要按时浇水，但他似乎并不在意，渐渐地，我发现大家都忘记给自己的绿植浇水了，心想如果这些绿植都枯萎了，那就太可惜了，所以我每天都会早早地来到教室，照看它们，但是我更希望大家能和我一起，让这些可爱的植物们茁壮成长。”

言言的话音刚落下，元元便鼓起掌来，顿时，教室里响起了热烈的掌声。言言平时性格比较内向，看到大家这么热情，也觉得有些不好意思了。

“谢谢大家！”他红着脸，却又笑得十分开心。

我拍拍言言的肩膀，给他鼓励，并说道：“同学们，在生活中，养一盆绿植、做一份工作、许一个承诺，都离不开责任心。我在言言的身上，看到了他的耐心、细心，还有一种强烈的责任心，这些都值得我们学习。”

“吕老师，言言以后就是我的小老师、好榜样，我会向他学习，把我的绿萝养好！不仅是养好绿萝，我们做其他事情也要有责任心，这样才能获得别人的尊重与信任。”萱萱感悟道。

“当时言言提醒我给龟背竹浇水，我没有放在心上，现在觉得自己很不负责，当初买下它的时候，还信誓旦旦地说要好好照顾它，但却没有做到，以后我一定不会让它偷偷长大了，我要和它一起健康快乐地成长！”小硕抚摸着龟背竹的叶子，对自己的绿植也有了更深的感情。

·链接18·

催开自信之花

（自信教育话题）

内蒙古土左旗台阁牧中心校·韩春梅

面对一群性格内向的孩子，我总是找不到合适的方式来培养他们的自信心。一直到临近这学期末，学校要求各班评出6名“养成教育之星”。在接受任务的一刹那，我觉得机会来了，这不正是教育的好时机吗？

“丁零零……”上课铃声响了，我像往常一样来到教室，平静地说：“一学期的学习已接近尾声，今天的班会课上，我们依然要评选出本学期的‘养成教育之星’，一共有6个名额，大家说说我们该把这个奖颁给谁呢？”

话音刚落，同学们就小声地议论起来，有的说选郭强，有的说选肖璐涵，有的说选……同学们有点小兴奋，而几个被点到名字的同学却安静地坐在那里，仿佛稳操胜券。

“同学们，静一静。这次评选我们是有评选标准的。下面我来介绍一下6名‘养成教育之星’的不同的评选标准，希望大家在认真聆听的同时想一想，班里还有哪些同学是符合标准的。这次除了常用的‘同学推荐’‘投票’等方法外，我们还提倡‘毛遂自荐’的方式哦！”我大声地宣布。

评选标准很快宣读完毕，教室里顿时鸦雀无声，几个稳操胜券的同学竟然低下了头。看到这幅情景，我的脑子也有点断片了，心想：“这是怎么了？为什么大家不能主动争取一下呢？”

“机会总是留给那些积极主动去争取的同学的，很多同学平时都很优秀，如果你们能再主动一点，敢于表现一点，那不是更好吗？”我边说边用目光鼓励孩子们举手发言。

短暂的沉默之后，魏劭波同学第一个举起了手：“老师，我想竞选诚实互助之星，因为在平时的学习中，我不但诚实，而且经常帮助那些学习基础薄弱的同学，比如高子涵、赵阳等，我都帮助过他们，我认为我符合诚实互助之星的评选标准。”

说到这里的时候，他的小脸早已红得跟苹果似的。教室里经过短暂的窃窃私语，很快又恢复了平静。

“魏劭波同学真勇敢，此处我们应该有掌声啊！”我鼓动着说，于是班里即刻响起了雷鸣般的掌声，一个个脸上也不再有紧张的神情，我做了一个停止的手势说，“魏劭波同学平时在班里的确品学兼优，他说的事情大家也都有目共睹，我们现在推选他为‘诚实互助之星’，大家同意吗？”

“同意！”同学们用洪亮的声音异口同声地说。

“好，那我们的‘诚实互助之星’就颁给魏劭波同学了！恭喜魏劭波同学，你今天又取得了一个新的进步，因为你迈出了积极主动争取的第一步，希望其他同学也能向魏劭波同学学习哦！”

魏劭波同学的带头作用起得非常好，紧接着超琦举手了，要竞选“爱护公物之星”，肖璐涵举手了，要竞选“阅读之星”，郭强等同学举手了，要竞选“勤劳卫生之星”，左博旭等同学要竞选“文明礼仪之星”，其中在竞选“学习奋进之星”的时候，连平日里一直少言寡语的段雪婷同学竟然也举起了手，那眼神里充满了自信，仿佛要告诉全世界“我能行！”。

于是我用欣赏的眼神看着她，并提议大家用最热烈的掌声鼓励她发言，只见她走上讲台，大声说：“我因为基础薄弱，成绩一直不是很好。从一年级到三年级，我一直都很努力、很努力地学习着。在老师和爸爸妈妈的鼓励下，我现在有了进步，我爱学习了，所以我要竞选‘学习奋进之星’。”

虽然因为紧张有点磕磕巴巴，但自始至终她都面带微笑，从她的眼神里我看到了勇敢，看到了努力。

就在我凝神看着段雪婷，期待她继续往下说的时候，教室里响起了热烈的掌声，一阵高过一阵，直到我第三次叫停的时候，掌声才慢慢平息下来，也许这就是同学们最好的回答吧。

最终6名“养成教育之星”在大家的自荐与他荐中、在认真的推选中诞生了。虽然有的同学落选了，但是从他们的眼神中我看到了信心，这不正是我想要的班级风貌吗？

班会课结束了，那一个个脸上洋溢着自信的笑容已证明：战胜自我带来的愉悦感和满足感还只是一个开始，我要领着孩子们更好地往前走。

· 链接19 ·

谁是英雄

（英雄教育话题）

山东潍坊新纪元学校·徐晓彤

大课间，孩子们都在操场上跳着笑着，忽然一个孩子喊道：“快看，小杰爬到树上去了！”大家循声望去，只见小杰攀上一棵近十米高的梧桐树，粗壮的树干被小杰拽得摇来晃去，小杰一脸得意，冲着树下的几个男生叫道：“怎么样？我爬上来了吧？我是英雄吧！”

听到这话，我明白了，原来几个孩子激将小杰，如果他敢爬上最高的梧桐树，他就是英雄！敢爬最高的树就是英雄吗？显然，孩子们对谁是英雄、怎样做才是英雄并没有清晰的认识。于是，我计上心来。

回到教室，我让小杰介绍了事情的经过，他脸上依然笑容满面，神采飞扬，孩子们也是嘻嘻哈哈，热热闹闹。

事情的真相大家都了解了，我接着问：“这样做真的是英雄吗？”听到我的话，孩子们收敛了笑容，陷入了沉思。

小晴说：“我觉得不应该去爬树，这不是破坏树木吗？还好，树枝没有被拽下来，要不它该多疼啊！”

小浩说：“我觉得打赌有时候是好事，比如打赌考第一名能鼓励同学进步。但是打赌爬树，我觉得这只是在逞能。”

孩子们纷纷表示，爬树并不是真的英雄。小杰的脸有点红了，默默地低下了头。

我因势利导，接着问：“那什么样的人才是英雄，做什么样的事情才算是英雄呢？”

我的话音刚落，妮妮就举起了手，说：“老师，我们这一段时间不是正在读《红岩》《小兵张嘎》和《铁道游击队》吗？我最佩服他们了！他们为了能让老百姓过上好日子，甚至牺牲了自己的生命！”

小峰接着说：“我最喜欢的是嘎子，他虽然年龄小，但是有智慧，也非常勇敢。想想我自己遇到一点困难就退缩，和嘎子相比，真是差着十万八千里呢！”

小晨说：“对啊，我们在语文课上还认识了李大钊、郝副营长，他们都有着崇高的理想，他们都坚信明天一定能取得胜利，他们抛头颅洒热血，他们才是真正的英雄！”

听到孩子们讨论得差不多了，我再次追问：“那我们的身边有没有这样的英雄呢？”听了这句话，他们有点蒙，大眼瞪小眼互相看了看，好像在说：“老师，我们身边哪有这样的英雄啊？”

看着他们一脸茫然，我笑了，说：“难道只有战争才能造就英雄？难道没有和平年代的英雄吗？”

可能这句话提醒了孩子们，有两三只小手颤颤悠悠地举了起来。其中竟然有小杰，他有点不好意思地站起来说：“老师，上课的时候，你给我们介绍了感动中国十大人物，我觉得他们也是英雄！最让我感动的是河北塞罕坝林场的建设者们，他们创造了荒原变林海的奇迹！这让我树立了理想，我想成为一名环保志愿者，为国家的环保事业做贡献！”

小杰的话还没说完，教室里就响起了掌声。掌声刚落，文清又站起来说：“我觉得我们班级也有这样的英雄！”一句话让整个教室鸦雀无声，孩子们的脸上都写满了问号：我们小学生怎么会是英雄呢？

文清接着说：“上次运动会上，小柯的脚扭伤了，他硬是坚持着跑完了800米，虽然成绩不是很好，甚至连名次都排不上，但是在我们心中，他就是英雄！”这段话给了其他同学启发，好几个孩子说道，“卫生委员小恒默默付出从不抱怨”“小鑫帮助低年级同学搬桌椅耽误了吃午饭”“月月为了实现当主持人的梦想口含石子进行训练”“为了队列队形比赛同学们都喊哑了嗓子”。还有人说做最好的自己就是英雄！

孩子们说的这些都是我之前没有想到的，的确是啊，我们让孩子们寻找英雄、学习英雄，其实英雄就在我们的身边呢！孩子们在当下的学习和生活中尽职尽责、积极进取、坚强勇敢、乐于助人……这些难道不正是英雄所应该具备的品质吗？

谁是英雄？其实，人人都可以成为英雄！什么是英雄精神？其实，爱国爱家、爱岗敬业、百折不挠、努力奋斗，都是英雄精神！我们的课堂、我们的教育更应该把这种精神传下去，把这种传统继承，把这种震撼扩散，让每个孩子都成为闪亮的“英雄”！

第 10 招

绘本故事来助力

山东潍坊新纪元学校·冯姗姗

绘本，外来语，它是以图画为主，以文字为辅，描述生动的故事。绘本故事的选材大多贴近孩子的生活，许多故事情节既符合孩子的年龄特点，又有一些异于常态、常理、常情的变化，使小学生感到熟悉又奇特，新颖又有趣。而且许多绘本的制作都很精美，都有着生动的构图和鲜艳的色彩，这些也方便老师在讲述过程中帮助吸引孩子们的注意力。

没有哪个孩子是不喜欢听故事的，因为“故事就像是小溪，它会找到自己的路，它跨过隔阂的高墙，到达我们需要到达的地方”。对于小学低年级的孩子来说，绘本故事是上好微班会课的有力帮手。

如何让绘本故事成为微班会的助力呢？

首先，班主任要广泛地阅读绘本。人们常说，要给学生一杯水，自己首先要有一桶水。班主任要储存大量的绘本故事。

在国外，绘本已有100多年的发展历史，也涌现出了很多优秀的绘本作家，李欧·李奥尼、大卫·威斯纳、大卫·香农、艾瑞·卡尔、谢尔大叔、安东尼·布朗、松居直、威廉·史塔克、芭芭拉·库尼等的作品都脍炙人口。许多国家还设立了优秀绘本故事奖，如美国的凯迪克奖、英国的格林威大奖、国际安徒生绘本大奖等奖项，不仅如此，还会奖励绘本故事的创作。

近年来，国内也涌现了许多优秀的绘本，如熊亮的《中国绘本系列》、周翔的《荷花镇的早市》、蔡皋的《宝儿》《桃花源记》、朱成梁的《火焰》等绘本。特别是熊亮的《中国绘本系列》以中国传统故事为蓝本，运用传统国画绘制技法，完整地展示了一个“可记忆的中国”。其中《兔儿爷》《小石狮》《灶王爷》《年》等，都是浓缩了中华文化图像符号的作品，也是近年来国内原创绘本的佳品。国内也设立了宋庆龄儿童文学大奖、丰子恺儿童图画书奖、信谊图画书奖等奖项，来激励作家创作出更多更好更符合国情的作品。

国内外许多优秀的获奖作品都值得我们留心阅读。

其次，根据需要选择合适的绘本故事。不同的微班会要选择不同的绘本故事。班主任应根据常讲的话题做好分类准备。如选题为“爱和安全”，可选用《逃家小兔》《要是你给老鼠吃饼干》《和甘伯伯游河》等绘本故事；如选题为“激发梦想”，可选用《好饿好饿的毛毛虫》《美丽的梦想》等绘本故事；如选题为“成长榜样”，可选用《小海螺和大鲸鱼》《小黑鱼》《想吃苹果的鼠小弟》等绘本故事；如选题为“帮助儿童理解认识自我”，可选用《我不知道我是谁》《小猪变形记》《胖石头》等绘本故事。

老师要记住一些使用频率较高的故事，以便及时进行教育。如本文链接的微班会《我有一群“想吃苹果的鼠小弟”》中，王老师发现比赛结束后，孩子们的心情都很失落，因为他们觉得自己尽了最大的努力，却只拿到了二等奖，于是王老师打算用《想吃苹果的鼠小弟》来告诉孩子们，失败了也没有关系，只要我们有鼠小弟那种屡败屡战、永不气馁的精神，一直努力地坚持下去，就一定能取得成功。这个绘本故事生动形象，会鼓励孩子们越挫越勇，做一个笑对生活的人。

最后，讲故事时要运用巧妙的方法。由于微班会时间短，我们在讲述绘本故事时要注意方法，这样才能吸引学生，调动学生参加微班会的积极性。

我们可把绘本制作成PPT，让孩子们边看课件边听讲。我们可以让学生扮演绘本中的角色，让他们边表演边讲述故事。

我们在讲述绘本故事时，应尽量让孩子自居为主角。让他们“自居”为故事的主角，进而了解故事中人物的内心世界，思考该如何去做，以便他们联系实际，对接当下。如本文链接的微班会《我最闪亮》中，谢老师在排练班级节目时发现不领唱的孩子们士气不高，为了让孩子们明白在舞台上每个人都很重要，就用《胖石头》的绘本故事让孩子们知道配角也很重要，班里的每个孩子都很重要，每个人都做最好的自己，班级才会变得更加优秀。在这个故事的启示下，孩子们全力以赴，人人争做最好的自己，最终取得了心仪的成绩。

我们在讲述绘本故事时，可叫“暂停”，提出问题，引起学生的注意。如本文链接的微班会《我不随便拿别人东西》中，郑老师发现有的学生随便拿走别人的东西，进而讲了《我不随便拿别人东西》这个故事。在讲述了丹尼当天“随便拿了别人的东西”后，郑老师特意叫了“暂停”，然后组织全班同学进行讨论：“你喜欢这样的丹尼吗？”“丹尼的行为对不对？”随后继续讲故事，在故事讲完后再接着讨论。这样把故事的道理和生活紧密地结合起来，让孩子们知晓道理，关注生活，健康成长。

如果说“学生故事常分享”，是讲述学生之间的真实故事，那么“绘本故事来助力”则是带着孩子们重新认识世界，了解世界，帮助他们健康地成长。

·链接20·

我有一群“想吃苹果的鼠小弟”

（挫折教育话题）

浙江武义新纪元双语学校·王　庆

一年一度的校园艺术节开始了，学校里充满了浓厚的艺术氛围。我和孩子们一起紧张而又兴奋地排练着班级表演唱节目。

这是我们第一次参加表演唱，大家都想把最好的状态拿出来，勇夺冠军。为了让队形整齐，我们一遍又一遍地走位，确定最合适的位置；为了舞台效果，我们一起制作了可爱精致的道具；为了合唱更加动听，身为语文老师的我也和他们一起上了许多节音乐课。

比赛的那天终于到了，孩子们穿上了表演服，一个个精神抖擞地表演了我们的曲目《古诗新唱》。这是孩子们排练这么多次以来，表现得最完美的一次，观众席中传来了热烈的掌声。大家兴奋极了，盼望着能拿一等奖。

结果公布时，孩子们的眼睛里都透露出激动和紧张的光芒，但是当看到我们班的名字出现在二等奖的名单上时，光芒一瞬间便暗淡下去了。

比赛结束后孩子们回到班级，看着他们情绪低落的模样，我的心里也五味杂陈。第一名的荣誉都是大家向往的，可是在比赛中，到底什么才是最重要、最珍贵的呢？这时，我看到了书桌上不久前才看过的绘本《想吃苹果的鼠小弟》，我想，我知道该对孩子们说些什么了。

“大家今天表现很棒，老师非常欣慰，作为奖励，老师给你们讲一个有趣的故事好不好？”我微笑着对孩子们说。一听到“故事”，孩子们都向我投来了好奇的目光，仿佛在说：没有拿到第一名，老师非但不生气，还要给我们讲故事呢！

我摊开绘本，和孩子们分享了这个故事。《想吃苹果的鼠小弟》讲述的是可爱的鼠小弟想吃树上的苹果，他观察小鸟、猴子、大象、长颈鹿、袋鼠和犀牛得到苹果的方法，然后一一模仿，结果每次都失败了。鼠小弟既不会飞，又不会爬树，也没有长长的鼻子或脖子，个头小，跳不高，也没有那么大力气。看着别人凭着与生俱来的能力一个个拿到了苹果，鼠小弟怎能不着急？正当鼠小弟非常沮丧的时候，海狮来了，它使出了顶球的绝活，把鼠小弟抛到了树上，两人合作摘到了苹果。

在这个故事中，每翻开一页，孩子们都能看到一个新的动物，每个动物都有它们的特长。大家随着故事的发展去猜测：下一页上场的会是谁呢？鼠小弟吃到苹果了吗？怎样才能吃到呢？

读完了故事，我问孩子们：“在这个故事中，你们看到了哪些珍贵的东西？”

班长小蒋马上举手了：“是合作，我们要像鼠小弟和海狮那样团结才能做好事情。”这是一个非常“标准”的答案，但并不是我心里想要的答案。于是我接着问："还有吗？"大家你看看我，我看看你，看来还是需要老师来启发一下。

我示意孩子们把目光聚焦到"苹果"上："看鼠小弟最后摘下的苹果，多么美丽，多么诱人。你们觉得，小鸟、猴子、大象、长颈鹿、袋鼠和犀牛得到的苹果和鼠小弟最后得到的苹果，是一样的吗？"孩子们纷纷摇头答道："不一样！"

我接着说："是什么让鼠小弟的苹果变得不一样呢？"脑袋转得最快的小王恍然大悟地举起了手："是鼠小弟的坚持，它看到这么多小动物都可以摘到苹果，自己却摘不到，但它没有放弃，一直尝试，一直坚持，鼠小弟的苹果更加漂亮。"孩子们都忍不住为小王的发言鼓掌了。

我欣慰地点了点头："是呀，鼠小弟站在苹果树下，经历了那么多期待—羡慕—尝试—失败—期待，让这个苹果比其他苹果更甜更香，这种甜味来源于屡败屡战、永不气馁的精神。其实我们每个人都是'鼠小弟'，我们都渴望摘下树上的苹果，看到别人摘下苹果，心里难免会有些失落。但只要我们一直坚持，一直努力，你会发现，你不仅能摘下好吃的苹果，还会发现这是最好吃最香甜的苹果。"

说完，我拿出了这次表演唱比赛的奖状，告诉孩子们："苹果就像比赛的第一名，一等奖，我们这一次没有拿到，不代表下一次不能拿到。对我们而言，认真地参与比赛的过程，体会到努力与遗憾，也是另一种收获呀！下一次，我们继续向'苹果'出发好不好！"

"好！"孩子们大声喊出了自己的信念。

“我们一起把奖状贴在班级的墙壁上，一起期待下一次，向最美味的‘苹果’努力吧！”我高兴地结束了这节课。

·链接21·

我最闪亮

（团队精神话题）

浙江武义新纪元双语学校·谢瑞蕾

一年一度的校园艺术节又到了，这次我们班的表演唱的曲目是So long farewell。每天下午，孩子们都要到剧院排练。可是在排练的过程中，我发现只有七位领唱的同学斗志昂扬，演唱时充满了激情，而其他同学却提不起精神，这是怎么回事呢？

在排练休息的间隙，我静静地观察着孩子们，听着他们的童言童语。

“怎么办，这首歌好难啊，我还不会唱呢。”小舒叹了口气。“反正我们都是背景板，唱不唱都一样，没人会注意的。”小范用略带戏谑的语气说道。“就是，如果我也是领唱就好了，能够站在舞台的最中央。现在站在旁边，又累又没意思。”小王撇着嘴答道。

原来是这样啊，我把这些话暗暗地记在了心里。我决定在下次排练之前召开一次“我最闪亮”的微班会。放学后，我先在文具店买了一幅拼图，然后又在书店找到了绘本《胖石头》，为这次微班会做了充分的准备。

第二天排练前，我笑盈盈地对孩子们说："孩子们，这几天的排练你们都很认真，今天老师要给你们奖励，给你们讲《胖石头》的故事。"顿时，孩子们的眼里闪烁着光芒，都在期待着故事的开始。

"这个故事的主人公是——"我点开屏幕，开始讲述这个可爱的故事。我的话音刚落，孩子们便迫不及待地回答："胖小猪！"

"是啊，胖小猪和我们一样，也有一个演出任务。他们班要表演《白雪公主》呢！你们猜，胖小猪会扮演什么角色？"

"白雪公主？""不对不对，这么胖可演不了公主。""那就小矮人呗。"孩子们七嘴八舌地议论着。

"猪妈妈、猪爷爷、猪奶奶和猪爸爸也是这么想的。来，猪妈妈你先猜。"我顺势叫起四位同学扮演四个人物，进行角色对话。

"猜想结束，演出开始啦！"我兴奋地向台下的孩子们说。我把文字挡住，只在屏幕上播放着图片，"国王和王后，是小猪演的吗？"

"不是。"

"白雪公主呢？"

"也不是。"

我继续点击屏幕播放一张又一张图片。

"直到谢幕，胖小猪还是没有出现。他到底在哪儿呢？"我把演员谢幕的图片放大，让孩子们仔细地寻找。

"我找到啦！在大树下面！那块石头就是胖——小——猪——"小范惊讶地说。

"如果你是胖小猪，你演了一块胖石头，你觉得观众会注意到你吗？”

小范摇摇头。

“你的心里是什么感觉？”

“我会不太高兴吧！”小范挠挠头回答。

“好吧，让我们继续往下看。猪妈妈发现了胖石头，羊阿姨直夸胖石头可爱呢！猪爸爸、猪奶奶和猪妈妈又是怎么说的呢？”我又叫了三位同学进行角色扮演。

“猪妈妈感动得眼圈都红了，她对猪奶奶说：‘配角也很重要呀！’”顺势，我在黑板上写上了七个大字：“配角也很重要呀！”

“是啊，配角也是很重要的。我们的胖小猪并不在意自己只是一个胖石头的角色。相反，他很享受自己在舞台上的每一刻，而且他还有老师、家人和朋友对他的关爱与鼓励，这让他收获了无尽的快乐。虽然这次表演唱有很多同学都是配角，但是表演的时候，你们都会是爸爸妈妈心目中的主角。你们的爸爸妈妈的镜头只会对着你，所以你们也要像胖小猪一样学会勇敢地自我欣赏，你们要相信在舞台上你就是那颗最闪耀的星星。来，告诉自己‘我最闪亮！’”

“我最闪亮！”孩子们的喊声响彻剧院。

最后，我又拿出一幅缺了一块的拼图，问道：“孩子们，这幅拼图好看吗？”

“好看，但是少了一块就不完整了。”

“是啊，我们班一共有29个人，在舞台上表演的也应该有29个人，如果少了一个人就不完整了，就不是班级表演唱了。只要我们人人都展现出自己最好的姿态，我们班就一定能获得很好的成绩。你们有信心吗？”

“有！”孩子们异口同声地回答。

“那么，就让我们抱着必胜的决心开始排练吧！”

渐渐地，每个孩子都能够享受舞台，在舞台上做最好的自己。经过一个星期的努力排练，最后我们班获得了校艺术节表演唱比赛的金奖，孩子们特别高兴。

·链接22·

我不随便拿别人东西

（对待错误话题）

山东威海市福泰小学·郑兆婷

一天清早，硕同学垂头丧气地走过来对我说：“老师，我的笔袋不见了，宸同学的桌洞里有个跟我一样的笔袋。”

但宸同学淡定地告诉我，笔袋是他的，老师如果不相信可以给家长打电话。尽管宸同学桌洞中的笔袋像极了硕同学遗失的笔袋，但宸同学却一口咬定是自己的。

无奈之下，我掏出手机给宸同学的妈妈打电话。令我吃惊的是，宸妈告诉我她并没有给孩子买过这样的笔袋。面对母亲的证词，宸同学终于承认自己因为喜欢这个笔袋，而偷了硕同学的笔袋。这让我有点吃惊，竟然还真有这种事，这种情况一定要重视。

第二天晨会时，我对孩子们说：“今天的晨会，老师要给大家讲一个故事，想听的同学用坐姿告诉我。”孩子们齐刷刷地挺直了腰杆。

于是我打开课件，讲起了绘本故事《我不随便拿别人东西》。

这是故事的主人公丹尼，这一天他做了四件事。

第一件事：我姐姐有一打神奇的贴纸，我特别喜欢。我准备在姐姐去学校上课的时候，把它拿走。

第二件事：啊！桌上放着这么多奖品，这是要颁给游戏得胜者的。我拿了一些放进我的书包里，这样，尽管没有赢得游戏比赛，我也能拥有最多的礼品。

第三件事：啊哈！萨姆的笔筒真漂亮，当萨姆不在的时候，我把它拿过来，放我的新铅笔。

第四件事：我最爱吃巧克力了，这些巧克力看起来是如此的美味。没有人注意的时候，我要拿几块，在走出超市之前，把它们吃掉。谁都不会知道这件事是我做的。

“你们喜欢这样的丹尼吗？”我问孩子们。

小艺同学说：“我不喜欢这样的丹尼，他乱拿别人的东西。”

“他拿了谁的东西？”我顺势追问，“他的做法对不对？”

孩子们异口同声地回答：“他拿了姐姐的、颁给游戏得胜者的、萨姆的、超市的东西。”“他的做法不对！”

“丹尼拿别人的东西，被爸爸妈妈爷爷看到了，我们一起来听听长辈们的告诫吧。”

妈妈说：“丹尼，擅自拿别人的东西，这是一个坏习惯。未经过别人允许，你不应该动别人的东西。赶快把贴纸放回去，如果你想要，应该先征求姐姐的同意。”

爸爸说："丹尼，随便拿别人的东西是一个坏习惯。这些奖品是要颁给游戏得胜者的，你如果真的想拥有它们，你应该自己努力争取。"

妈妈说："丹尼，随便拿别人的东西是很坏的行为。未经过别人允许，你不应该碰别人的物品。去，把它还给萨姆。"

爷爷说："如果你想吃巧克力，可以让我给你买。随便拿别人的东西是一个坏行为，如果不改掉，没有人愿意同你做朋友。"

我接着问："别人的东西能不能随便拿？说一说你们的理由。"

佳怡同学说："别人的东西不能随便拿，因为随便拿别人的东西是一个坏习惯。"

"所以，同学们，不管是家人的物品，还是同学的物品；不管是集体的物品，还是商家的物品，我们都不能随便拿。"我继续追问，"如果别人的东西，你特别喜欢，怎么办？"

彤彤同学说："如果喜欢别人的东西，需要先征求别人的意见。如果别人愿意借给我们，我们就拿，如果不愿意，我们就不能拿了。"

鸣晨同学说："如果想得到奖品，就要通过自己的努力去获得。"

娇娇同学说："超市里的东西，不能随便拿，如果想要，可以跟爸爸妈妈说，让爸爸妈妈给买。"

"同学们说得好极了！瞧，丹尼接受了爸爸妈妈和爷爷的批评教育，把东西还给了别人，改掉了随便拿别人东西的坏习惯。我们给主动改正错误的丹尼鼓鼓掌。今天的微班会，你们有什么收获？”

“不能随便拿别人的东西。” 学生们高声地答道。

“随便拿别人的东西是不为别人着想的不礼貌行为，也是不诚实的表现，我希望每位同学都能做到不随便拿别人的东西。”我总结道。

课后，我利用班级qq群和家长沟通，说明我和孩子们的约定：如果孩子获得两枚校园币，家长可以满足孩子一个合理的小愿望。这样把孩子们的愿望和班级评价制度结合起来，家校合作，激励孩子通过努力来获得他们想要的东西。

第 11 招

师长故事说一说

浙江金华市君华学校 · 吕若怡

故事在讲述中变得温暖，心灵在故事中得以滋养。班主任应成为学生成长路上孜孜不倦的“人生导师”，当好指路明灯，利用自身或其他老师成长路上的一个个好故事，帮助更多的学生勇往直前，茁壮成长。

历史波澜壮阔，英雄辈出，传奇故事数不胜数。为人称颂的故事历久弥新，其中大部分都传达出不朽的精神，讲这些故事，不仅能开阔学生的眼界、增长他们的知识，还能学习伟人身上的好品质，可谓一举多得。而师长故事，虽不如传奇故事那般惊天动地，但因为老师是孩子成长过程中的“重要他人”（小学阶段尤为重要），老师用贴近生活、饱含真情的亲身经历，引导学生在成长之路上找到前进的动力。在微班会上讲这类故事，会让学生感兴趣的同时，又能身体力行。

作为班主任，讲好师长故事要做到以下几点：

一、认真回顾过往，整理能分享的故事

在过往的经历中，通过努力获得的成功经验和遭遇失败所汲取的经验教训，都值得我们认真总结。天空总是变幻莫测，万里彩云值得欣赏，雨过天晴也让人留恋。我们和年少的孩子们在一起，将

我们过往的故事与他们分享。不管是成功的，还是失败的，都值得他们学习和反思。

如果你过去有记日记或写随笔的习惯那就太棒了。从少年时期起，我就有记日记的习惯，每天发生的趣事、恼事我都会详细地记录在本子上，若干年后再翻，那些早已被我遗忘的事情，却能通过日记回忆起当时的细节，常常令我忍俊不禁。可见烂笔头的用处还真不小。如果过去没有写日记或写随笔的习惯，我的建议是，看到我这篇文章后，能否随手写写呢？今天的实践就能成为明天最好的故事。

我们不仅要善于积累自己的故事，也要留心身边其他老师的好故事。向有经验的老师多请教，和不同年龄段的老师多探讨。只要我们有心发现，及时记录，细心整理，把事情的经过、处理事情的方法和感受写下来，就会有一个又一个可以分享的故事了。

二、积极加强实践，积累有意义的故事

人们常说“教师是学生的镜子，学生是教师的影子”。班主任想要教育学生勤奋学习，自己就应该先做到勤于学习、乐于学习。班主任应该成为学生的榜样。

生活中，我们要有梦想、有担当，要注意小到日常的行为习惯，大到为人处世的底线原则。我们需要通过一个个有温度、有价值的行为来提升自己、感染学生。

在教育教学实践中，我们要敢于尝试自己没有做过的事。潜能总是在实践中激发出来的，尝试的事情越多、越深入，就会有越来越多的好故事。

需要说明的是，我们不是为了故事而做事。但当我们全身心地投入工作时，我们就自然会有一个又一个精彩的故事。这时有心的记录、适时的讲述、必要的交流就很重要了。

三、把握有利契机，讲好有价值的故事

适时的讲述、必要的交流主要是向学生讲述，与学生交流。讲故事可在学生的矛盾、冲突、问题、困惑出现的任何时候、任何地点，也许是在课堂中，也许是在课间，又或是在体育活动中。但班主任最好的交流形式是微班会——面对全班同学举行简短的会议。

本文链接的《少年，你的梦想呢》中，当我发现学生们面对自己的梦想有困惑、缺乏勇气时，我没有选择李白的《行路难》来告诉学生实现梦想要历经艰难险阻，也没有选择周恩来的《为中华之崛起而读书》，用来激发学生的学习斗志。我认为，伟人的大志固然震撼人心，但此时的孩子更需要从普通人身上找共通点。梦想是每个人都可以有的。我勇敢说出自己当年的梦想，以及今天的新梦想。让学生认识到小学高年级正是做梦的年纪，“小小少年要勇敢追梦”。

师长故事，胜在它更能引起学生的共鸣，让学生从平凡的小事中获取力量和经验，教师也在积累故事中成长，与学生共同前进。

· 链接23 ·

少年，你的梦想呢

（理想教育话题）

上海新纪元金华丰子恺学校 · 吕若怡

有一天晚自习课间休息，我们班的孩子们和往常一样围在我的身边和我聊天。

忽然小张同学问：“吕老师，你的梦想是什么？”这个问题突如其来，我还没反应过来，涛涛就替我回答了：“当然是当老师啦！”我笑着摸了摸他的头：“那你的梦想呢？”

只见他一时语塞，竟不知怎么回答我。课上，好奇心作祟的我问了大家：“你们的梦想是什么？”几个平时活跃的男生也没了声音，一个个不是托着腮看着我，就是低下头写作业。

见状，我在黑板上写下了“作家”两个字。一双双小眼睛看着我，原本低着头写作业的学生也停了笔，看着黑板。

我的学生六年级了，在我眼里，他们懂事、活泼，每个人都有自己的特点，都是积极向上的少年。可当他们面对这个问题时沉默了，我对此表示很吃惊。

“吕老师，为什么写‘作家’这两个字呢？”涛涛忍不住问我。

“猜一猜。”我故作深奥地看着他们，学生们开始小声讨论起来。

看着他们迫不及待想要知道答案的样子，我公布了答案：“这是我的梦想。”

“老师，你的梦想不是当一名语文老师吗？”欢欢脱口而出。

我笑了笑，等待着孩子们安静下来。“小学的时候，妈妈送了一本《哈利·波特与魔法石》。和你们现在一样，我太喜欢罗琳创造的魔法世界了！从那时起我不仅爱上了阅读，也对写作产生了浓厚的兴趣，‘作家’这个梦想就是在不经意间来到我的生命中的。同学们有没有和老师一样的经历？”

和上一次提问的时候不同，我看见了几位积极的发言者。

果果一本正经地说：“我想成为医生，帮助人们重新获得健康，那样会让我觉得自己很有价值。”

“游戏大王”小顾也举手：“老师，我最喜欢打游戏了。我想开发益智游戏，让人们感受游戏的快乐！”

同学们打开了话匣子。这时我注意到挂着苦恼的表情的涛涛。我走过去，问他：“为什么不分享你的梦想？”

他不好意思地笑了笑：“老师，我感觉我实现不了自己的梦想。”

听了他的话，我才明白过来。原来有的学生，不是没有梦想，而是怕实现不了梦想。

“同学们，吕老师的梦想是什么？”我再次提问。

“成为作家。”学生们很大声地帮我说出了答案。

“那么吕老师的梦想实现了吗？”我以为他们会一起说“没有”。但没想到，教室再次陷入了寂静。

“老师，你难过吗？没有成为作家。”欢欢很贴心地安慰我。

“做你们的老师，和你们相处的每一天，都让我觉得很快乐，所以做一个和你们一起成长的好老师已经成为我的新梦想了！而且这个新梦想并不影响我努力成为一个作家，吕老师对未来充满信心与期待哦！”

“恭喜吕老师喜提新梦想。”欢欢这话一说出来，全班都笑了。

涛涛听了这句话，若有所思地看着我。

“在吕老师的眼里，你们每个人都有自己的闪光点，你们勇敢、热情、有爱心，我在追梦的旅途中和你们相遇，有了很多美好的回忆。”我继续说道，“在人生的旅途上，梦想是会有变化的。也许吕老师这辈子都成不了作家，但是在追寻这个梦想的路途中，我收获了阅读的快乐、写作的快乐、分享的快乐，这也是我人生中的一大笔财富哦！”

我拿出信纸信封，鼓励他们将此刻的所感所悟写下来。“下面的时间，可以给自己写一封信——关于如何实现自己的梦想，从而达到勉励与警醒自己的目的。也可以写给吕老师，把你在追梦的过程中遇到的困惑或难题告诉我。”

于是大家认真地写起来，教室里除了笔发出的“沙沙”声，我仿佛还听到了二十六颗心脏怦怦跳动的声音。

晚自习下课后，涛涛迫不及待地将信递给我，并告诉我：“老师，我的梦想是成为像你一样的老师！可我语文太差了，所以我决定从今天开始很努力地学习语文！”说完，他就害羞地跑开了。

我怀揣着二十六个梦想的信封，这些信封也给我的梦想注入了新能量。

第 12 招

说文解字有乾坤

山东威海市福泰小学・谷鲁杨

“学生怎么说才能听”“我的方法为什么不管用”……这些常见的问题，时常困扰着班主任。中华文化博大精深，汉字是中华民族的根。每一个字的创造与发展都镌刻着民族生活的印记，充满着中华民族的大智慧。汉字里有故事，汉字里乾坤大。班主任可以将“说文解字”引入微班会，借助汉字文化的无穷魅力，上好这节微班会。

这里的“说文解字”，是针对微班会中的关键字词，通过解说字的构成、讲析词语内涵等多种方式引出汉字故事，帮助学生理解汉字，深化学习，完成此节课的教育目标。

一、拆解字的构成

汉字有着丰富的意象。在历史的长河中，繁体字曾寄托了古人的许多智慧。微班会上可抓住某个关键字，引出该字的繁体字，利用汉字造字的特点，巧妙解读字的构成，让字现身说理。

我曾上过微班会《学会倾听》。针对学生不会倾听的特点，我出示“聽”（“听”的繁体字）字，请同学们观察：右边“十目”“一心”，给我们什么启示呢？为什么左边是“耳朵为王”？这样的提问引起了孩子们的兴趣。原来“十目”需要“多用眼去观察”，“一心”需要“专心”，“耳朵为王”需要“让我们多听少说”。通过回溯“聽”字的构造，点拨、启发、引导学生明白倾听的重要性，有意识地养成倾听好习惯。

有些汉字生僻难懂，还可以结合图片讲析。如本文链接的微班会《打喷嚏有讲究》中，课上郑老师出示了“嚏”的繁体字，并通过图片展示人体鼻腔结构，帮助学生了解打喷嚏的生理现象，为学习打喷嚏时如何做到讲卫生做了必要的铺垫。

二、讲析词语内涵

小学生的年龄和心理特征决定了他们的学习行为，学习的前提是“有趣的，我才愿意学”。老师可以根据班情，抓住核心词进行讲析，引起学生对话题的关注。

武义县新纪元双语学校谢瑞蕾老师在微班会《热闹，要不要凑》中，在课前板书了课题中的三个字——“凑热闹”，孩子们不由得充满了疑惑。老师紧接着提问“凑热闹”是什么意思，并出示“凑热闹”的两个含义：一是到热闹的地方大家一起玩，二是指添麻烦。接下来很自然地询问学生，“刚刚我说你们‘凑热闹’是指哪个意思呢？”“还有哪些热闹，凑一下会让你感到开心呢？”在孩子们七嘴八舌的议论中，引出了这节课的主题。

“凑热闹”，看似简单的三个字，恰到好处地引起了学生“凑热闹”的兴趣，在了解“凑热闹”的两个含义的同时，既了解了学生的实际想法，又巧妙地引出了本节课谈话的主题，体现了基于学情学习，学生是学习的主体的理念，为后面的学习做好铺垫。

三、引出字后故事

除了关键字词的解读，我们还能以字为媒介，配合故事或图画等方式，讲述汉字背后的故事，让孩子们感悟更多的道理。如我校郑会老师上过微班会《让他三尺又何妨》，老师因学生打架，没有把犯错误的孩子批评一顿，而是出示“讓”（“让”的繁体字）字，孩子们都不认识这个字，这时老师让学生听“六尺巷”的历史故事，看能不能从故事中找到这个字。学生们带着问题听完故事，很自然地就猜出了“让”字，也更能体会古代圣贤“让”的境界，学生在感动与感悟中，完成了认知的提升，行为的转变。

汉字文化博大精深，有着丰富的内涵，班主任要有“说文解字”的本领，就要阅读《说文解字》《汉字王国》《画说汉字》《汉字树》等书籍，平时要注意收集成功课例，上课时选好切入点，做好文章，因势利导，言之有理，持之有据，让学生心悦诚服。

·链接24·

打喷嚏有讲究

（讲究卫生话题）

山东威海市福泰小学·郑兆婷

天气忽冷忽热，复课后一些抵抗力弱的孩子禁不住善变的天气，开始陆陆续续地因感冒而请假。疫情防控期间，做好孩子们的个人卫生防护尤为重要，于是我设计了“打喷嚏有讲究”这节微班会。

上课伊始，我出示了“嚏”这个字的图片，问孩子们：“你们猜猜‘嚏’这个字和什么有关？”

活跃的安然同学首先高举小手：“老师，这个字的左边是口，与嘴巴有关系。”

“没错，这是喷嚏的嚏。喷嚏是鼻黏膜受到刺激而引起的一种猛烈带声的喷气现象。经历了这次疫情，你们都知道新型冠状病毒肺炎有哪些传播途径吗？”

机灵的云涛站起来回答：“我听妈妈说，新型冠状病毒肺炎是通过口腔中的液体进行传播的。”

“电视上说，公共空间里，病人通过一个喷嚏就能传播病毒。”聪明的子涵补充道。

留心观察生活的钰龙也说：“报纸上介绍，另一种传播途径是接触传播。”

“同学们说得都非常好，经过了解，我们发现，飞沫是非常重要的传播途径之一，那打个喷嚏到底有多大的危害呢？我们一起来看一个视频。”

我开始播放视频。视频告诉我们，在一般情况下，一个喷嚏大约能以一百公里的时速把气体从鼻子里推出来，使你身体中十多万甚至数十万细菌，扩散在方圆两米到三米的空气中。如果是患有呼吸道疾病的人，他所携带的细菌数量更是数不胜数。一个喷嚏带来的细菌是不容小觑的。

“喷嚏里原来藏着那么多的细菌，那我们应该如何正确打喷嚏呢？”我的话音刚落，几只小手就举了起来。

“用手捂着鼻子打。”陈瑞说。

“拿纸巾遮着嘴巴。”鑫汇说。

“侧着身体打。”彦旭说。

“把鼻子放到胳膊肘的位置。”益腾说。

“到底谁的做法对呢？老师通过示范来告诉你们吧。”我微笑着说，“第一种方法是用手掩面，这样的方式是错误的，因为喷嚏里的细菌会残留到手上，而手是我们平常使用最多的部位。这样会传播病毒的。第二种方法是用纸巾帮忙，看到大家的表情了，相信你们都认同这种方法，想打喷嚏的时候，我们可以及时地拿出纸巾来帮忙。可是，没有纸巾在身边那该怎么办呢，我们一起来看第三种方法可不可行？”

孩子们纷纷摇头。“对呀，这样的方式我们也不能使用，因为我们的喷嚏会把细菌传播到空气中，经过的人们也会被传染的。没有纸巾我们该怎么办呢？一起来看第四种方法，用手肘帮忙。对啦，这是一种好方法，因为我们的手肘接触的地方很少，而且方便快捷，用起来也很方便。”

孩子们不约而同地用肘部遮住口鼻，互相比试着。

“来，让我们一起做做看！”我大声说，“打喷嚏，掩口鼻，行礼仪，讲卫生。男生做一遍，女生做一遍。”在我的倡导下，同学们饶有兴趣地做了起来。

“同学们，现在我们学会了这种方法还不够，我们还要在实践中努力坚持下去。除了自己坚持做，还要告诉爸爸妈妈、爷爷奶奶、外公外婆，提醒他们也要这样做。你们能不能做到？”

“能！”同学们齐声回答。

我高兴地说：“非常好！我们要做到保护自己、关心他人。讲究卫生，战胜疫情，让我们一起努力吧！”

第 13 招

小小实验显神威

浙江瑞安市新纪元小学 · 潘雪慧

小学生通常对未知事物抱有强烈的好奇心。美国科学家卡尔·萨根说过：“每个人在他们年幼的时候都是科学家，因为每个孩子都和科学家一样，对自然界的奇观满怀好奇与敬畏。”在孩子们的眼中，一个小小的实验，就像一个神奇的魔法，这个过程会让他们充满好奇，会让他们对实验过程、实验结果产生浓厚的兴趣，激发他们热爱科学的情感，感悟其中蕴含的道理。

因此把实验引入微班会，是个高招。但微班会时间短，实验要控制好时间。我们应该做一个“小”实验。这样的实验用时虽短，却蕴藏了许多知识和道理。

那怎样让实验在微班会课上发挥更好的效果呢？

一、观看视频

“网上资源巧利用。”网上资源非常宝贵，我们可以从网上找到很多孩子们喜欢的有趣的科学实验视频，特别是还有很多高难度的视频，如“天空课堂”的实验。这样的实验视频不需要准备材料，节省时间，制作也精美，很受班主任欢迎。下载视频时要注意视频里最好有详细的步骤讲解和清晰的图片展示。

班主任要根据班会课的需要精心选择视频，本文链接的《小实验，大科学》就巧妙地通过观看“太空实验”，让学生产生好奇，激发他们的向往，收到了震撼心灵、激励前行的效果。

在观看视频时，班主任要巧用暂停，提出问题，让学生关注实验的过程，积极参与课堂讨论，聆听老师的讲解，揭开现象背后的科学秘密。

二、现场演示

虽然视频实验方便，但是现场演示更加直观。在可操作的情况下，应让学生现场观看，直接体验。本书第14招链接的微班会《做一杯“纯净水”》就是一个好课例，陈老师在课堂上现场演示，让学生现场观看，并适度地参与实验活动，不仅能激发学生的学习兴趣和探索欲望，还能引导他们深入思考，感悟人生道理。

现场演示要做好准备工作，选择好实验需要使用的材料；进行必要的“预演”。预演可以提前了解有关实验需要注意的问题，做到胸有成竹。

现场演示还需要找好小帮手。有些实验需要合作，所以在实验中需要有得力的助手配合，以保证实验顺利完成。

三、动手体验

动手，是孩子的天性。学生更喜欢自己动手做实验。设计动手小实验，要结合小学生的年龄特点，选择易操作的安全实验。由于班级学生多，微班会时间短，不建议人人动手，可以选择代表上台演示。

在实验开始前，班主任一定要讲清实验要求，同时提醒其他同学注意观察，牢牢抓住学生的注意力，对发生的实验现象及时给予指导和讲解。通过简单、有趣、适合操作的科学小实验，激发孩子的好奇心和探究热情，并在实验中感悟道理。

在实践中，班主任演示与学生动手实践都可以单独运用，但更多的是综合运用。比如丁如许老师曾在许多地方借班上过《软吸管与硬土豆》一课（微信公众号“魅力班会课智库”收载），他先让学生自己动手，再做演示，师生互动、共同参与，寓教于乐，会有意想不到的效果。

一堂好的实验课，能扣人心弦，让人终生难忘。在教学实践中，要从孩子的兴趣出发，把兴趣与思维相结合，在质疑中发现真理，在验证中收获快乐，不失为上好微班会的有效方法。

·链接25·

小实验，大科学

（科学精神话题）

浙江瑞安市新纪元小学·潘雪慧

12月，我校开展“一蛋一世界”主题科学月暨科技节活动，各年级分别设计了“鸡蛋浮起来”“鸡蛋立起来”“鸡蛋撞地球”“鸡蛋强起来”“鸡蛋跳起来”等六个有趣的科学实验。学生们兴趣高涨，积极参与，用自己的行动触摸科学、走近科学。

12月9日下午，正好是神舟十三号航天员太空授课的时间。我想了一下，何不借这个机会，给学生们上一堂别开生面的微班会课？

晚自修铃响，我走进教室，故作神秘地说："同学们，今天咱们来做一个有趣的实验。"

"耶！"话音刚落，同学们一阵欢呼。

这时，我从袋子里拿出事先准备好的泡腾片，介绍道："这是一块泡腾片，泡腾片在我们的生活中很常见，它是要用水冲泡的一种片剂，可以为身体补充维生素。"说着，我又从袋子里拿出一个玻璃杯，然后往杯子里倒入温水。

"泡腾片碰到水之后会发生什么现象呢？我请一位同学上台试一下！"

孩子们把手举得高高的，跃跃欲试。于是我请举手最快的小琳同学上台尝试。只见她小心翼翼地将泡腾片放入水中，不一会儿水面上冒出了很多小气泡。

"有气泡，有气泡！"孩子们情不自禁地大叫起来。

"当泡腾片遇上太空水球又会发生什么呢？"我的问题再次引起了孩子们的好奇心。

"今天航天员翟志刚、王亚平、叶光富变身科学老师在中国空间站给我们授课了。" 我边说边出示照片，"瞧！他们为广大青少年做了一些有趣的实验，共有8项太空授课项目。今天潘老师就带来了其中一个实验，想不想看？"

"想！"孩子们异口同声地答道。一双双小眼睛紧紧地盯着屏幕，生怕错过一个细节，教室里瞬间鸦雀无声。

“神奇的实验来了！”说着，我播放了“天宫课堂”片段——泡腾片实验。只见视频中王亚平老师先把准备好的颜料注入水球中，蓝色慢慢地浸润着水球，原先白色的水球不一会儿就变成了一个漂亮的蓝水球。接着她把半片泡腾片放进水球里，泡腾片在水球里不断地翻腾，产生了很多欢乐的小气泡。

孩子们看得目瞪口呆，那个小小的气泡吸引了所有人的目光。这时，我突然按下了暂停键，问道：“你们知道为什么会出现这样的现象吗？”

“因为在空间站失重的环境下，浮力会消失，所以和地面现象就有所不同。”小鹏第一个举起了手。

“你知道的科学知识可真不少！不愧是我们班的‘小小科学家’！”我微笑着向他竖起了大拇指。

紧接着我继续往下放，王亚平老师在视频中说：“在失重环境下气泡只是在不断地产生，并没有离开水球，随着气泡的不断增多，水球逐渐变成了一个充满欢乐小气泡的气泡球。而且伴随着气泡的产生还有阵阵的香气……”

当水球变成一个充满欢乐小气泡的气泡球时，教室里立马响起了同学们的阵阵惊呼声和热烈的掌声。

“看了这个实验，你们有什么想说的？”我再次提问。

“这个实验让我学到了知识，也让我体会到了科学的乐趣。”小婧大声地说。

“非常神奇！我也想在空间站里，和宇航员叔叔阿姨一起做实验。”小奕紧跟着说。

“我想去太空旅行，探索更多的奥秘……”平时对科学很感兴趣的小昊激动地说，他的眼神中充满了对未来的期待。

“科学的力量是无穷无尽的，当我们学习了丰富的科学知识之后，很多我们以前感到不可思议、难以理解的事情都可以得到科学的解释。同时，科学还改变了我们的生活，你们能说说科技给人类生活带来了哪些影响吗？”我笑呵呵地说。

“手机方便了人与人之间的联系。”“飞机、动车的速度很快，可以载我们去各个地方旅游。”“人们还可以通过电脑学习和工作。”“潜水艇可以让我们遨游海底世界。”同学们争先恐后地回答。

“是啊，同学们。我们国家从第一颗卫星‘东方红一号’到现在的载人飞船‘神舟十三号’，实现了跨越式的发展，取得了举世瞩目的成就。这背后，是无数科学家的心血、汗水、努力和奉献。”我自豪地叮嘱道，“同学们！科学无处不在，未来属于你们！希望在你们心中种下科学的种子，好好学习，认真观察，去发现科学的神奇与探索科学的奥秘，用你们的所学所长为我们祖国的建设添砖加瓦！”

第 14 招

善打比方明道理

浙江武义新纪元学校 · 陈央娟

打比方，是比喻的通俗说法。利用两种不同事物之间的相似之处作比较，变陌生为熟悉，变深奥为生动，变抽象为具体，能把学生不明白的道理讲清楚。

在微班会中，如果班主任善于用打比方的方式把事理说得通俗易懂、生动形象，一定能吸引学生的注意力，深受学生欢迎，使教学达到事半功倍的效果。

那么，怎样做到“善打比方明道理”呢？

一、打比方需具体

小学生年龄小，阅历浅，但对具体事物的认知速度比较快。因此打比方首先要做到具体，给学生搭好理解的支架，因势利导，达成教育目的。在本文链接的微班会《晃动水瓶的启示》中，班主任就用水杯做实验，不同水量的杯子摇晃后发出的声音不尽相同。这个演示具体可感，学生一下子就领悟到“知识丰富的人很低调，而似懂非懂的人反而急于表达”。在学生领悟事理的基础上，班主任又引导同学们认识“有观点与大家分享是好的，但必须注意场合”，思考“什么时间表达自己的见解更好”。在这节课中通过直观的打比方，让学生明白了道理。当然需要说明的是，“任何比喻都可能是蹩脚的”，形成基本的共识很重要。打比方时，班主任拿捏到位的引导、点拨也很重要。

二、打比方要生动

我们在上微班会时，要用生动的事物来阐明抽象的道理，来说明复杂的现象，这样能够激发学生的兴趣，使学生印象更深刻。《德育报》曾刊载课例《百花各有芬芳》，在课例中，张老师由小米同学被人瞧不起，再联想到本班也存在着“同学之间的相处问题”“学生树立自信的问题”，于是打算上一节微班会课。在课堂上，张老师借盛开的百花打比方，让学生通过“不同的花有不同的芬芳”“鲜花都在努力盛开”等现象，来感悟“你们都是百花园里的鲜花，应当有自信。因为大家都有自己开花的季节，每个人都有自己的优势”“不是说别人开了，你就不能开，不是说谁作文写得好，就占了你的分数，你可以发挥好自己的优势，弥补自己的缺点”等。这节微班会用百花园里的鲜花来比喻学生，对花样少年来说既生动形象，又特别亲切。班主任善打比方，创设情境，在生动又有趣的比方中，学生明白了每个人都有各自的优点，不仅要充满自信，而且也要尊重他人，百花盛开才会春色满园，课上论古说今，以花议事，充满了趣味，符合学生的心理特点。

三、打比方得新鲜

打比方还得要新鲜。曾有人说：“第一个把女人比作鲜花的是天才，第二个把女人比作鲜花的是庸才，第三个把女人比作鲜花的是蠢材。”这说明令人耳目一新的打比方能紧紧抓住学生的注意力，达到出其不意的效果。微班会时间短，能否尽快让学生有耳目一新的感觉，还需要班主任投入更多的思考，更多的创意。本文链接的微班会《做一杯“纯净水”》便是这样一节新颖的微班会：班主任陈真真老师用泡腾片和可乐、水三种材料做实验，借纯净水、可乐和泡腾片的不同反应来打比方，让学生明白道理：面对同一对象，不同的内涵会有不同的反应，我们应该像纯净水那样做个大度、包容、豁达的人。这样有新意的打比方能引起学生的关注，引发学生的热烈的讨论和深层思考，以便达到良好的教学效果。而且课后当同学之间有矛盾有冲突时，就会有同学打趣道：“做一杯纯净水吧。”当然新鲜的比喻也是不容易想的，我们认为，对班上的孩子来说，他们原先不知晓的比喻，就是新鲜的，也会是最有效的。

打比方是一种有效的招数。班主任要勤于思考、善于积累，灵活运用打比方，缘事说理，使学生在轻松的氛围里明了道理，实现提升微班会教育效果的目的。

·链接26·

晃动水瓶的启示

（自修学习话题）

湖南长沙市开福区第一小学·徐健英

六年级，离毕业只有一个半月的时间，孩子们面对即将到来的初中学习，既有些迷茫和感伤，又有些难以名状的兴奋和期待。复杂的情绪，激动的心情，让他们总觉得有说不完的话，甚至在课堂上也会开启“聊天模式”。

偶尔一两个孩子的窃窃私语，我往往会“慈悲为怀”，可三五成群的“菜市场”聊天模式，我不能容忍！该怎么办？讲道理？这已经是老生常谈了，只怕他们都会以“不在服务区”的状态回敬我。亮规矩？估计连“左耳朵进，右耳朵出”的程序都免了，直接把我“屏蔽”。正想着，一个机会出现了。

那天天气特别炎热，孩子们都带了水。在一节午自习课上，我发现两个孩子拿起自己的水杯，比试谁摇动的速度更快、声音更响。看着他们涨红的脸和迅速晃动的手臂，听着水杯发出的声音，我顿时有了主意。

第二天在班会课上，我拿着两个矿泉水瓶，一瓶装满了水，一瓶只装了一半，走进了教室，孩子们看我这架势，有点丈二和尚摸不着头脑，盯着我手上的矿泉水瓶，脸上写满了问号。

停顿了一分钟，我郑重宣布：“同学们，这节课，我们来做一个实验。”在众人关注的目光中，本班最沉稳的宋学霸和最喧闹的“麻雀大王”被我请上了讲台。我先邀请宋学霸拿起装满水的瓶子，使出最大的力气晃动手中的水瓶；接着请“麻雀大王”拿起另一瓶水，同样使出最大的力气晃动水瓶。结果一个悄无声息，一个哗哗作响。

“实验已经结束，谁来说说你们从中感悟到什么？”我笑着问道。可孩子们大眼瞪小眼，一时没有说出所以然。

看着孩子们疑惑的眼神，我让这两名同学重复了刚刚的实验，并提醒同学们要注意听。

很快楷彬高高地举起手说：“决定声音大小的，是水瓶里的水。”

“有点意思。”我赞许地鼓励道。

“哦！我知道了。”钧谊的眼睛里闪着亮光，狠狠拍着自己的后脑勺，“知识越多的人越低调，正如这装满水的瓶子和拿着瓶子的宋学霸；而似懂非懂的人常常会滔滔不绝，表达自认为正确的真理，就像——”他瞥了一眼脸红一阵白一阵的“麻雀大王”，没有继续往下说。

好几个同学也接下话来：“对啊！越是不懂的人，越想装懂，就越是需要讲很多很多的话。”“是的，其实，那不都是废话吗？”

听着同学们七嘴八舌的议论，“麻雀大王”的头已经低下去，一改往日唾沫横飞的模样。

我乘胜追击：“同学们，有观点与大家分享是很好的，但必须注意时间。都说识时务者为俊杰，你们觉得什么时间表达自己的见解更好？”

“举手发言时。”“小组讨论时。”孩子们争先恐后地说。

“就是该说的时候才说。”“麻雀大王”也举手发言道。我惊喜地发现他居然学会了总结陈词。

“那么，怎样表达才是有价值的？”我追问道。

“麻雀大王”若有所思地说：“真实而有条理的。”

“说得没错，还有谁能补充？”我又问道。

“经过思考后的回答。”“符合规则的表达。”“富有创意的表达。”看着孩子们一个个举手发言，我觉得这节课的目标实现了。

我看着“麻雀大王”满含期待地说：“你的口才很好，愿你不断地提升自己的表达能力，将自己的口才运用到辩论赛中。自修课时不要随便讲话，在合适的时间再讲，怎样？”“麻雀大王”望着我，重重地点了点头。

“临毕业了，我们更要养成好的习惯，用实际行动为你们的小学生活画上圆满的句号。你们能不能做到？”

“能！”孩子们齐声回答。“麻雀大王”的声音特别响亮。在“麻雀大王”的改变中，在全班同学的努力下，课堂的“菜市场聊天模式”终于有了明显的改观。

·链接27·

做一杯“纯净水”

（同学相处话题）

山东潍坊新纪元学校·陈真真

“老师，新来的小王同学他踢我。”“老师，新来的小王同学骂我们。”“老师，小王同学上课随便说话，还顶撞老师。”“老师，小王同学把我的笔碰掉了。”“老师，小王同学把水洒到桌子上了。”

这一天，我被关于小王同学的消息轰炸了。

新学期，得知学校让我接任四年级二班的班主任兼数学老师时，我既期待又担心：期待的是，作为一名年轻老师终于被学校

“委以重任”；担心的是，毕竟这是我第一次当班主任，说实话，心里挺没底，而且这个班因为老师更换频繁，班级管理比较松散，我能当好这个班主任吗?

开学伊始，我就与各个任课老师联手管理班级，终于让班级风貌发生了一些转变。就在我暗暗自喜时，一位行为习惯不良、自控能力差的小王同学的突降，又把我们拉回了原点。小王同学确实有很大的问题，但其他孩子对事情的态度，也需要转变。他们应该大度、包容，帮助同学，不能斤斤计较。于是，我一边帮着小王同学做出改变，一边思考如何改善班级风气。

但几次班会效果都不明显。直到有一天，因为思考班级问题，我错过了饭点，为了填饱肚子，我到学校超市买东西吃，突然一件商品引起了我的注意，我瞬时有了灵感。

第二天一早，我拿着准备好的材料走进教室，在全班同学疑惑、惊奇的目光下，我故作神秘地说：今天，我给大家做个实验。说着我将两个烧杯分别倒满纯净水和可乐，然后各丢进一颗泡腾片。

孩子们纷纷表示可乐就像蛮横、不讲理、有脾气、情绪不稳定的人，而纯净水像大度、包容、豁达的人。于是我便再次发问：“在生活中，我们遇到‘可乐’这样的人应该怎么做呢？”孩子们有的回答“我们不与他计较”，有的回答“我们躲得远一点”，有的回答“做好自己的事”。我连忙肯定，太对了，在我们的生活中，与别人发生冲突或者遇到不讲道理的人时，你不搭理他，不与他斤斤计较，你就不会有损失。但如果你跟他一样爱计较、爱发脾气，那就只能跟着吃亏。

在孩子们积极分享时，我问了最后一个问题：那在生活中我们是要做大度、包容、豁达的纯净水，还是做蛮横、不讲理、有脾气、情绪不稳定的可乐呢？孩子们异口同声地回答道：“大度、包容、豁达的纯净水。”

“所以，孩子们，就让我们一起做个大度、包容、豁达的纯净水吧！”

这次班会后，班里爱打小报告的孩子明显变少了，他们少了指责与计较，多了帮助与包容。每当同学之间发生冲突，有人要发火的时候，总会有同学打趣地说道：“做一杯纯净水吧。”

而随着同学们对小王同学的帮助，小王同学有了很大改变，整个班级的凝聚力也增强了。看到他们学会了互帮互助，学会了包容与理解，我的心里暖暖的。我知道，对同学们而言，那次微班会不仅仅是一次实验，更是一种对人生成长的感悟。

第 15 招

简易活动体验深

上海新纪元金华丰子恺学校·方圆

“生命在于运动，德育在于活动。”上好微班会有个常用的有效做法，就是开展活动。因为“只有做过才会真正明白”，学生在活动中体验感悟，交流分享，一定会收获多多。

因为微班会时间短，所以我们希望开展的活动时间短，简便易行，可操作性强，能让学生体验、感悟。这样的活动，我们称为“简易活动”。

怎样在微班会中设计开展简便易行的活动呢？我们可从以下几个方面入手。

一、力求简便，易于操作

微班会时间短，我们设计的活动应力求简便，易于操作。

本文链接的微班会《教室里的悦耳分贝》中，谢老师利用大课间“瓢泼大雨”和“不用出操”的时间，让学生观察分贝测量仪，然后进行分贝测试活动；本文链接的微班会《穿针与引线》中，王老师设计了个人穿针比赛和两人合作限时30秒的穿针活动；本文链接的微班会《限时拍手》中，滕老师设计的活动是10秒限时拍手，分两轮进行；本文链接的微班会《今天我在家》中，黄老师设计的情景模拟表演和模拟报火警活动，都受到了孩子们的热烈欢迎。大家积极参加，并投入其中。

从这些链接中的活动我们不难发现，这些活动用时短，活动规则容易理解，在微班会课堂上容易实施。当然有些活动需要准备必要的材料，如谢老师的分贝测量仪、王老师的针线。但从总体上说，可操作性强。

二、鼓励参与，增强体验

微班会的主体是学生和老师，班主任是微班会活动的设计者、准备者和指导者。要组织好活动，班主任应该在活动过程中积极鼓励学生参与活动，增强学生的活动体验。

鼓励学生参与，首先要设计有利于全员学生参加的活动。像本文链接的《教室里的悦耳分贝》《穿针与引线》《限时拍手》，学生都是全员参与全过程。这样的活动人人都有直接的体验。

鼓励学生参与，其次要带动全班同学积极投入其中。应该说，不是所有的活动都能做到全员直接参与的。这时老师的关心、鼓励就非常重要。比如本文链接的微班会《今天我在家》中，黄老师设计的活动先是根据情景表演小故事。这个活动不可能全员参加，但黄老师要求孩子们在同学扮演角色时，其他同学也要跟随故事情节的表演思考。在老师抛出问题时，同学们都积极参与、出谋划策。特别是在“模拟报火警”环节，老师与同学模拟报火警的对话后，黄老师特意组织学生两人一组合作练习。整个活动在老师的精心设计下，学生饶有兴致地投入其中。只有积极参与，才能在活动中有更深刻的体验，才能有深刻的感悟。

三、加强交流，提升感悟

在活动中，班主任要带领学生积极参与，认真体验，加强观察，在活动结束后让学生分享、交流，促使感悟的提升。

如本文链接的微班会《穿针与引线》中，王老师设计了两轮穿针引线活动。第一轮是让学生自己穿针，第二轮是让学生两人一组合作穿针。在第二轮活动中，很多同学的任务没有很好地完成。老师让学生分析失败的原因，请学生交流个人感悟。在大家你一言我一语的交流中，王老师根据同学们的发言“穿针引线”总结了失败的原因，并引导学生思考，整合活动再结合班级最近发生的事情给他们带来了什么启发。这样学生对活动有了新的感悟，意识到班级的发展需要所有同学一起努力。

活动，要“活”，要“动”，关键是要让学生“动”起来。这个“动”不仅是形式上的“动”，更重要的是内心要“动”，让学生在活动中有体验、有感悟，引发学生思考，把“心动”化为“行动”。

“简易活动体验深。”作为班主任，我们应该明白简易活动应该是体验活，活动体验很重要，要让学生在体验中思考感悟，明白道理；简易活动应该是创新活，活动创新很重要，班主任工作不能墨守成规，必须要有所创新，有所变革；简易活动应该是细致活，活动设计要细致入微，活动点拨要注重细节，这样才能获得好的效果。

·链接28·

教室里的悦耳分贝

（文明习惯话题）

浙江武义新纪元双语学校·谢瑞蕾

转眼，我的小豆豆们已经是二年级的小学生了。刚开学，我就对小豆豆们提出了关于声音的要求，希望他们在教室里安安静静地听讲，回答问题时声音要洪亮，小组讨论时音量要适当且不影响其他同学。

这些要求，看似简单，可在实际操作中，却出现了不少问题。例如小组讨论时，每个同学都迫不及待地表达自己的想法，声音一浪高过一浪，整间教室都沸腾了。而回答问题时，有的同学声音太小，需要凑近才能听明白。看来，小豆豆们不懂如何使用嗓音。为了让孩子们能够合理用嗓，我决定召开“教室里的悦耳分贝”微班会课。

说干就干，我开始积极准备微班会课。我在淘宝上买了一个分贝测量仪，用于记录孩子们每日分贝的最高值。我又在网上找到了一段关于噪声污染的微视频，以便孩子们了解噪声的危害。我制作了一张声音分类的小海报，准备贴在教室的墙上。我还用一个三脚架固定了一台手机，用来记录孩子们上课时的声音状态。

一切准备就绪。一天的大课间，因为外面下着瓢泼大雨，所以孩子们不用出操。这正是开微班会的好时机啊！

我走进教室，对同学们说：“今天不出操，我们来玩个小游戏吧！”一说到玩游戏，孩子们就嗨了起来。

“你们仔细看我的手，当我握拳的时候你们不能发出声音，当我手掌慢慢打开的时候，你们发‘啊’的声音并慢慢变大，当我手掌完全张开的时候，你们发出的‘啊’声就要最响哦。”我绘声绘色地说着，“我会不断变化我的手掌，不知道你们的声音能不能和我一起变化呢？”

“没问题，So easy！”孩子们自信满满。果然，孩子们玩得不亦乐乎，喊得最响的时候也是他们最兴奋的时候。

紧接着，我问道：“你们对刚才的声音有什么感受？”

“刚刚声音最响的时候，我的耳朵好痛啊，太吵了。”“嗯嗯，我都把我的耳朵堵上了。”

“是啊，不同的音量对我们的耳朵有不同的影响。那么怎样的音量是最适合我们的耳朵的呢？在教室里，我应该使用怎样的音量呢？今天我们就来开一节‘教室里的悦耳分贝’微班会。”

“同学们，测量长度的单位有哪些？”

“米、分米、厘米、毫米……”

“就像测量长度有单位一样，测量我们的声音强度也有单位，那就是——分贝。”我顺势拿出分贝测量仪，用夸张的语气对孩子们说道，“这个宝贝就能告诉我们，我们的声音到底有多强。”

孩子们一脸好奇。“谁来试一试，对着分贝测量仪喊一下。”我们班的“小喇叭”小俞同学举手了，他的声音是我们班最大的，让他试一试吧。只见小俞同学铆足了劲儿，对着测量仪一吼，结果显示，他的声音高达82分贝。

“82分贝的声音，小俞同学，感觉怎么样？”“我嗓子有点疼。”“其他同学有什么感受吗？”“太响了一点。”

我微笑着对各位同学点点头，“82分贝已经会让我们的耳朵感到不舒服了，那么，多少分贝适合我们的耳朵，多少分贝会影响到我们的健康呢？我们一起来看一个微视频。”

微视频讲述了分贝的基本知识。孩子们看得很认真。观看视频后，我故作惊讶地说：“原来，60分贝以上就会影响到我们的身体健康了，长期处于高分贝的环境中不仅会让我们的听力受到损伤，严重的话还会影响到我们的神经系统，导致其他疾病的发生，多么可怕啊！老师这里还有一个视频，是你们上课时的声音状态，我们一起看一看。”

看着视频中大喊大叫的模样，孩子们有些不好意思地低下了头。我拿出了每日分贝记录表给同学们看：“你们看，这是这几天以来老师帮你们记录的每日分贝最高值，每一天的最高值都在80分贝以上，老师好担心你们的嗓子和耳朵，你们的学习环境也受到了影响。同学们，我们一定要学会控制自己的声音。”

紧接着，我又拿出了“悦耳分贝”海报，海报上写着：专心听讲0～20分贝，小组交流20～40分贝，举手发言40～60分贝。“这就是我们的声音守则，让我们用实际行动让悦耳分贝萦绕在我们的教室里。你们做得到吗？”“做得到！”孩子们坚定地回答。

“分贝仪就放在讲台上了，同学们下课后可以自己感受感受。”

下课了，我把海报贴在了墙上，小豆豆们一边好奇地试着分贝仪，一边看着海报仔细对照。

我欣喜地发现他们开始学着控制自己的声音了，当别人大声喊叫时他们也会及时的提醒，看来这一次的声音教育还是很有效果的。

·链接29·

穿针与引线

（集体意识话题）

山东潍坊新纪元学校·王程程

唉！又扣分了！

当我打开今日大队委的日常检查记录表时，看到的是：六（5）班，扣一分，原因：路队吵闹。针对这一现象我在班级里已经强调过多次，但是没有太大作用，扣分还是时有发生，看来得换个套路了。现在的孩子常常以自我为中心，缺乏集体意识。所以，要想解决这个问题，我还是要从孩子的认识源头抓起。

上课铃声响了，我走进教室后的第一句话就是："今天，我们班级因为路队不整齐又被扣分了。"说完之后，我没有再讲话，而是观察他们的表现，跟我想象的差不多：平时老实的孩子马上掉头去看那几个"罪魁祸首"，而那几个调皮捣蛋的孩子则是一副无所谓的神情，好像已经习惯了。

"今天呢，对于这件事我暂时不打算处理了。"我刚说完这句话，孩子们马上抬起头齐刷刷地看着我，脸上满是惊讶。"今天我们来做个游戏，好不好？"听到这儿，孩子们来劲了，一个个都坐不住了。

“游戏非常简单，就是穿针引线。”说完，我把事先准备好的针线发下去，每个同学人手一份。

“游戏规则很简单，就是把线穿进针眼里，谁用时最短，谁就获胜。好，准备好了吗？”

“准备好了！“孩子们齐声回答，跃跃欲试。

“计时开始！”

孩子们一个个聚精会神，有的很有经验，把线头一捻，很快就穿进去了，有的同学，不太熟悉这个操作，稍微慢了一点，但最后也穿进去了。

“时间到，同学们非常厉害。我先不公布成绩，我就想问同学们，你们是怎么完成这一任务的呢？”

温延翰马上说：“用手呗。”

“对，我们每个同学都有一双手，我们平时参与的任何活动都离不开它，现在我们来交换一下，用你的左手或者右手去跟你同桌的左手或右手组成一双新的手，在30秒内完成穿针引线的任务，好不好？”

同学们一听，更有兴致了。我一声令下，大家马上开始行动。跟刚才的敛声屏气完全不同，不一会儿，就传来一阵阵抱怨声，“哎呀，你不要动……”“你对准啊，你怎么这么笨？”“你倒是快点穿进来啊！”

30秒的时间很快就到了，我打断了他们：“有没有完成任务的吗？”有三组同学无精打采地站了起来。

“我想问一下，你们没有完成任务的原因是什么？”

“老师，徐圣杰老是乱动。”王旭冉愤愤地说。

“那你自己穿的时候呢？”

“我自己穿很快，一下就穿进去了。”

“那你觉得为什么你们两个人组合在一起就失败了，而你一个人就很容易成功了呢？”

“因为我的手是由我自己控制的，但是我们两个人的想法不一样，我想让他往东，他偏偏往西。”

“对对对，老师，我跟王旭冉的想法一样，我跟我同桌也是，我们两个不受一个大脑控制，所以我们也没有完成任务。”小赵同学也说道。

“同学们，我刚才统计了一下，我们自己完成的时候，最快的同学只用了3秒，而我们两个人合作的时候，最快的都用了8秒，这也就证明，我们每个人的左手右手都受一个大脑司令部控制，想法一致，动作也就一致，完成任务也就更方便快捷、省时省力了。但是我们组合的双手，各有各的做法，劲不往一处使，那结果也就可想而知了，同学们，老师说到这儿，再结合今天发生的事，你们有什么启发吗？”

孩子们沉默了，陷入思考，我静静等待答案。

姜媛媛举起手说：“老师，你是不是想告诉我们，要做思想统一的双手，为了共同的目标，做正确的事。”

“媛媛理解得不错，相信大家都明白了，我们六（5）班就应该像是一个人，我们都是这个人的左右手，而我们有一个共同的目标来控制我们的行为，我们的目标就是让我们班级变得更好，但是如果有的左右手跟我们其他的左右手想法不一致，总是去捣乱，去违纪，那我们这个整体会怎么样？”

“那就什么都做不好。”有同学小声嘟囔。

“还有可能手忙脚乱，一团糟。”

“嗯，也许其他的手做得好，但是只要有一只手不听指挥捣乱，那所有人的努力就都白费了。”

听着同学们的小声议论，我觉得今天的游戏有效了，我趁热打铁：“就像我们的路队，大部分同学都走得很好，但只要有一个同学不老实，就会影响整个班级，我们整个班级都会一团糟，那你们还要做那个与其他小手们不统一思想的调皮小手吗？”

杜昀皓马上说：“老师，我们一定会做好班级的左右手，共同为班级争光，不给班级抹黑。”

“很好，我相信每个同学都是我们六（5）班得力的左右手，我们一定会共同努力，让我们的班级变得更好，一起加油！”

通过这次游戏，班级扣分的现象明显减少了。可以说，这次活动触动了同学们的心灵，让他们有了思考，有了行动，有了改变。

·链接30·

限时拍手

（学习松懈话题）

山东潍坊新纪元学校·滕延红

期中考试结束后，任课老师跟我反映同学们对待学习或多或少有点松散、懈怠。我听了之后，心里很是焦急。有什么办法能激发孩子们的学习积极性，让他们重新焕发学习的热情呢？

左思右想，方法有了。

在班会课上，我处理完班级事务后，还剩下大约10分钟，我在屏幕上展示了一个问题："在10秒钟内拍手，你能拍多少下呢？"

"20""30"……同学们七嘴八舌地说。

我微笑着让同学们在纸上写下自己可以达到的目标，然后说："让我们拭目以待，挑战自己，看看10秒钟，我们到底能拍多少下？"

我点击秒表，同学们开始了拍手游戏。只见他们一个个全神贯注、铆足了劲地拍手。

"3，2，1，0！"同学们都停下了手。

"请告诉老师，你们拍了多少下？"

"42""48""55""60"，孩子们齐刷刷地举起了手。

"有没有达到你们的目标？"

几乎每个孩子都兴奋地举起了手。我说："大家基本上都达到了自己设定的目标，现在我们来分享一下，为什么你们拍的比预期的数字还多呢？"

"我很努力！""我抓紧时间拍。""老师说越多越好，所以我想要多拍点。"

"10秒钟太短了，我感觉不可能拍得太多，所以把目标定低了。"班长徐伊凡说道。

我说："你们说得都很好！刚开始，大家都认为10秒钟很短，不可能拍太多，但当大家都努力拍时，却发现比自己预想的要多。"

同学们纷纷点头表示赞同。

“同学们，如果再给你们一次机会，你们觉得你们自己能拍多少下呢？”

“150！”班级里最调皮的李嘉洋大声说。

我示意他站起来，问道：“你的目标是10秒钟拍150下，目标好高啊，有没有信心完成？”李嘉洋看着我，坚定地回答：“我能完成。”

游戏开始了。孩子们铆足了劲，进行了第二轮的拍手。

“3，2，1，0！时间到！”我微笑着说，“完成新目标的同学请举起你们的手，让老师看一下。”

许多同学举起了手，我数了一下，有一半的学生完成了新目标。没有举起手来的同学都表现出垂头丧气的样子。李嘉洋也在其中。

我特地问李嘉洋。“为什么没有完成目标？”

“我定的目标太高了。”李嘉洋不好意思地说道。

转身我又问班里学习成绩稍差点的李春浩：“为什么没有完成目标？”“太累了，我坚持不住了。”

于是，我接着他们俩的话继续说：“我们每一个人不管在生活还是在学习中，都应该为自己定一个目标，然后朝着这个目标不断地努力，坚持不懈，虽说过程是苦的，但成功的那一刻，我们也收获了硕果。当然，我们在设定目标的时候，要注意可行性。过高，我们不但完不成，还会有挫败感，会气馁，会失去对学习的热情。过低，容易达成，无法激发我们的潜力和斗志。期中考试后我们班不少同学在学习上出现了懈怠的情况。要知道10秒钟拍手因为目标的不同会产生不同的结果，那在学习上也是同样的道理，如果你没有了目标，持续下去也可能会一蹶不振。”

听了我的话，有些同学惭愧地低下了头。我拍了拍他们的肩膀，鼓励他们说：“只要你们调整好目标，继续努力，相信期末考试你们会取得优异的成绩！”

“老师给你们两天的时间，每个人都为期末考试定一个目标，是自己努力才能达到的目标，然后贴到我们的心愿墙上。”我稍作停顿说，“通过第二次拍手游戏，老师还想告诉你们，在我们的一生中，有些事情可以有第二次机会，而有些事情是没有第二次机会的，所以希望同学们珍惜当下，好好努力！”

微班会结束了。我看孩子们，三三两两地围坐在一起讨论题目；我看班长徐伊凡在帮成俊毅讲解数学题；我看崔建秀和孙宁晗拿着英语书结伴去英语老师那儿背书……啊，我可爱的孩子们回来了，他们踏上了学习的新征程。

·链接31·

今天我在家

（居家安全话题）

重庆中山外国语学校·黄竹阳

在上行规礼仪课前的十分钟，我打算一改往日罗列式灌输安全知识的方法，让孩子们积极地参与其中。于是，我神秘地说：“今天，咱们一起来合作，表演一个小故事。”教室里立刻沸腾了，孩子们好奇地睁大眼睛盯着我，满是期待。

“兔爸爸、兔妈妈去森林里采蘑菇了，留下小白兔独自在家。突然，敲门声响了，一只饥肠辘辘的大灰狼正站在门外，它要干什么呢？接下来，黄老师会变身成敲门的大灰狼，看你们这群小白兔如何应对。”

话毕，孩子们热烈又兴奋地讨论起来，全都一副跃跃欲试、胸有成竹的样子。我选择了最有胜负欲的母浩然。

“咚咚咚——”

小白兔：“谁呀？”

大灰狼：“你好，送快递的，白白女士订的她儿子最喜欢吃的‘胡萝卜’饼干到货了。请开一下门。”

小白兔：“可我不认识你，等会儿我爸爸妈妈就回来了。等他们回来，再给你开门！”

大灰狼：“请开开门吧！等下我还有其他快递要送。”

小白兔：“那你先放在小区门口，我马上打电话让我妈妈自己去取。”

…………

多强的防范意识啊，不管我怎么诱惑，母浩然都能见招拆招，怎么都不开门。软的不行，我只能来硬的。

大灰狼：“骗人的小白兔，我早调查清楚了，今天你爸爸妈妈不在家，现在我要破门而入了。”

小白兔听到这话，急了：“110，喂，110吗……”

作为大灰狼的我，失败了，可我却分外开心，于是点评道：“真棒，知道在紧急情况下通过拨打110来保护自己。”

孩子们的兴奋劲儿还没有减退，依旧在窃窃私语着。“我用水枪，喷死它。”“我准备了辣椒面。”“我有木棍，可以敲它！”一个个疾恶如仇的样子，仿佛要跟不安好心的“大灰狼”大战至少三百个回合。

示意大家安静后，我问道：“假如在生活中我们真的遇到陌生人敲门，除了刚刚的‘拨打110’和‘坚决不开门’，你们还有哪些方法呢？”

孩子们纷纷出谋划策：“大喊救命！”“向隔壁的邻居求救。”“丢纸条求救。”“打电话求救！”

然而，在家中，不仅会遇到陌生人敲门的情况，还会遇到无法预设的危险情况。我顺势一转：“孩子们，陌生人来了，你们能够从容应对，可是万一家中失火，你们知道该怎么做吗？”

孩子们短暂地思索后，立马又举起了手。

“朱军行，你来说说。”

“可以拨打119求救。”

“真棒！不过，孩子们切记，拨打119时，需要告知消防员失火的具体地点，比如所处的小区，路名、门牌号码，什么物品着火，失火原因，火势大小。接下来我们就来演练一下通话，好吗？”孩子们踊跃举手，我点到聂垚宇。

“119！119！”

“喂，你好，需要什么帮助吗？”

“你好，消防员，我家着火了，需要你们的救援。”

“小朋友，请告知我哪里着火了？地址是哪里？”

“厨房！厨房着火了！”聂垚宇焦急地说。

“只说厨房不行。”我大声地说，“我们需要具体的地址。”

全班已经笑成一团。

聂垚宇明白过来，也大声说：“××路××弄××号××室。”

“好，我们马上赶到！”

我惊叹于孩子们的学习能力，我对聂垚宇竖起了大拇指，其他同学也想展现一下。这次，我把机会给了谭凌云。

“119，我家卧室着火了，火势很大，地点是××路××号。”

“好，小朋友不要着急，消防员叔叔很快赶到。”

接下来我要求孩子们两人一组，进行拨打119的电话练习，孩子们兴致勃勃地投入其中。很快下课铃声响了。

“警钟长鸣，安全记在心中！”在铃声中，我宣布这节难忘的课到此结束。

第 16 招

情景模拟促思辨

浙江瑞安市新纪元小学 · 吴哲

情景模拟，也称为“情境模拟”，根据某一话题创设特定的情景，旨在检验学生的思想认识。通常以文字、图片或视频等方式出题，学生通过口答或表演的方式来表达自己的见解。

情景模拟题能聚焦关注的话题，将话题具体化，促进学生思辨的深入与碰撞，有助于认识的提高与巩固。许多班主任都喜欢使用这种方法。微班会虽然时间短，但情景模拟可以给这段短暂而美好的历程插上翅膀，学生能在情景思辨中得到历练，衍生思考，获得提高。

那么我们怎样在微班会上用好情景模拟呢？

一、根据主题，创设情景

英国教育家洛克说过：“儿童学习任何事情的最适合的时机是当他们兴致高，心里想做的时候。”班主任在创设情景模拟时要紧扣课的主题来设计，题目通常是以文字或图片的形式出现，请学生根据情景模拟题来讲述自己的观点。这是许多班主任常用的做法。但对小学生来说，比起文字或图片的表达，场景模拟更能激发学生的兴趣，表演和观看表演都能加深学生的记忆。例如丁如许老师主编的《魅力微班会》中的课例《同舟共济》，在上课伊始，班主任田老师就结合“团结”这一主题，创设了学生喜爱的游戏情景，田老师把提前准备好的两个尼龙袋子放到地上，并告诉同学们：“游戏的名字叫‘同舟共济’。游戏情景是这样的：有一天，我们全班坐船出去旅行，突然船只在海上遭遇了巨大的风浪，翻了，这就是你们唯一的救生艇。我们分组比赛，比一比哪组获救的人最多。”学生们兴趣盎然，跃跃欲试，积极参与，很好地领会了活动情景的寓意，最后也收到了预期的效果。

二、沉浸体验，推向高潮

情景的创设，给予学生具体而真切的体验，班主任要鼓励学生积极参加，发挥主体性，思考面对特定的情景应该怎样做，为什么要这样做。在沉浸式表演时，班主任还要指导台上的小演员们站在角色的角度去看待和处理冲突，要鼓励台下的小观众畅所欲言，燃起思辨的火炬。如本文链接的微班会《阿姨，您好》中，班主任杨老师抓住学生的表演欲，引导小演员们稍带夸张地呈现出常见的校园问题，学生在出演过程中充分展现自己的神态、语言和动作，让情景更直观更形象，让作为观众的学生们也感同身受，不断举手要用不同的方式重演情景，将课堂气氛推向了高潮。其中最值得称道的是，在学生认识到应该尊重保洁阿姨后，班主任将话题做了拓展，又设计了两个情景，让学生思考如何去做。学生们踊跃发言，沉浸其中。这时每一份思考都是教育的成果。

三、两难思辨，促进思考

在生活中难免出现困惑，在德育中也有颇多的思考点，微班会时间短，班主任要把握好时间，设计好情景思辨题。情景思辨题可以是对话题认知的澄清，或是对话题认知的巩固，这些话题花费的时间不会很长。情景思辨题还可以是两难的话题，帮助学生促进认知的提高。两难的话题有时确实有一定的难度，如“做作业一定要独立完成”“做作业一定要不懂就问”“好朋友要抄作业，可以借他一次”“好朋友要抄作业，一次都不能借”等。要取材于生活，结合小学生的认知水平，瞄准合适的发展区，借助解决问题的两难性，提高学生的道德认知，拓展思维的宽度和广度，让不同的思考碰撞在一起，加强教育的力度。

微班会时间较短，有些两难题可以作为导入题，比如“在信息技术不断发展的今天，你认为小学生用手机是利大于弊，还是弊大于利呢？”可以作为微班会《学做手机小主人》的导入题。手机是利大于弊还是弊大于利的关键在于怎么用，用得好就是“利大于弊”，用得不好就是“弊大于利”。这道两难题没有必要过多纠结。通过对问题的导入和讨论，我们应让学生懂得：作为小学生，我们要遵守学校的规定，不带手机进校园，不依赖手机做作业。而有些两难话题也不一定要在微班会上立刻形成共识，可以在课后，在实践中进一步思考，寻找正确的回答。

“课未始，兴已浓；课正行，兴愈浓；课已毕，兴犹浓”，这是课堂最佳效果的呈现方式，情景模拟便是这样的模式，让问题具体化为情景，让情景共情出体验，让体验成为思辨的基石，这样将更有效地发挥微班会的育人成效。

·链接32·

阿姨，您好

（文明礼仪话题）

陕西西安市浐灞第二小学·杨　丹

刚开学，我在楼道里和几个孩子谈心，突然听到班里的中队委小C对旁边的阿姨说：“厕所那里脏了，要弄干净！”循着声音看过去，我感到非常吃惊，平时对老师恭敬有礼的孩子，今天是怎么了？回想起前几天几个孩子对食堂师傅的态度，似乎这些事情在现在的孩子身上还比较常见，难道就因为他们是独生子女，习惯了吗？我想我该做点什么了。

下午放学后，我把这件事告诉了班会课研究小组组长岳老师，我俩决定排演一场情景剧，在班会课上表演给孩子们看。

在班会课上，我们这样表演：活动课时间到了，笑笑找不到四号楼的活动教室，看到保洁阿姨正在打扫卫生，就拍着阿姨肩膀，大声地要求保洁阿姨告诉她四号楼在哪里。保洁阿姨没有理她，她便气愤地说保洁阿姨没有礼貌。

这时我演的笑笑和岳老师演的保洁阿姨像被施了定身法，突然一动不动了。孩子们好奇地睁大了眼睛，等着我们接下来的表演。可我摊开手故弄玄虚地问同学们：“保洁阿姨明明知道四号楼的位置，为什么不告诉笑笑呢？”

陈有旭立刻反应过来：“老师，我知道，因为她没有用礼貌用语。”

我看到孟晨语还在模仿我们刚才的表演，便请她说一说。孟晨语想了想说：“笑笑刚才很着急，动作不文明，用手拍阿姨。”

我对她点点头说：“你观察得特别细致，行为上也没有尊重阿姨。”

接着，我装着很困惑的样子问孩子们：“那么笑笑怎么做，阿姨才会告诉她呢？我们想一想，一会儿来演一演。”

孩子们便讨论起来。大家你一言我一语，甚至还有人开始了表演。

“好，哪组同桌愿意演一演？”

“老师，我和我同桌演。”“老师，我们一起演！”同学们争先恐后地说道。我有点小惊喜，没想到孩子们这么积极。马珺森不说话，直接拉着同桌胡悦涵就上来了。

他轻轻地叫了叫胡悦涵：“阿姨，您好！请问四号楼怎么走？”

“这座楼下去右拐，蓝色的那栋楼就是四号楼。”胡悦涵有模有样地指着前方说。

马珺森挥手和胡悦涵说再见，说着还不忘鞠了个躬：“谢谢阿姨，阿姨再见！”

我随机找了个同学问：“刚才他俩演的情景剧里，你看到了什么？”

“他用了礼貌用语，也知道了四号楼在哪里。”

“同学们有没有想过，我们为什么要尊重保洁阿姨？”我的表情变得有些严肃。

“因为保洁阿姨把学校打扫得干干净净。”

朱家琪若有所思："因为人和人之间有着某种关系。"

我快步走到她跟前，拉着她的小手："你觉得是什么关系？"

她抿了一下嘴："就是别人对你有礼貌，很客气，你就会对别人印象非常好，他问什么，你也愿意跟他说，觉得很舒服。"

"你说的这种关系就是互相尊重。"我欣慰地笑了，看来孩子们已经体会到人与人之间相处的关系，也能把自己和别人互相尊重的感觉说出来了。

"是啊，你尊重别人，别人就会尊重你，这样我们都会觉得很舒服。学校里还有哪些人，是我们应该尊重的？或者再广一点，社会上呢？"

学生们纷纷说，门卫叔叔、食堂的叔叔阿姨们、警察叔叔、服务员姐姐、公交车司机，还有爸爸妈妈，等等。

"那我们又该如何尊重他们呢？"随后我安排了两个情景：

A. 一家人去餐馆吃饭，餐桌上少了一份餐具，需要你去和服务员阿姨沟通，增加一份餐具。你会怎么说？

B. 晚饭后，妈妈忙着洗碗，爸爸在看报纸，你有一道题不会做，需要请教爸爸或妈妈，你怎么办呢？

孩子们开始着手准备表演，通过刚才的讨论与启发，接下来两组同学的表演，得到了"小评委"的一致好评。

"老师，您看二小组不仅说明了原因，还很有礼貌，如果我是服务员阿姨，肯定会很快给他们增加一份餐具。"

"对对对，还有五小组陈星宇说得特别好，即使是很亲近的爸爸，也需要用礼貌用语，因为他是长辈。"

看着他们自信满满的点评，我很欣慰。

“孩子们，在我们的周围有很多为我们服务却默默无闻的阿姨叔叔们，他们都是普通而平凡的劳动者，却为我们的生活带来了很多便利。做最美的风华少年，让我们的生活处处充满尊重吧。”我大声地说。

第 17 招

头脑风暴汇聚力

河北石家庄金柳林外国语学校·张宇

头脑风暴法是由美国学者A.F.奥斯本提出的，目的就是激发人类大脑的创新思维以及能够产生出新的想法、新的观念。假如两个人交换苹果，那每个人得到的也还是一个苹果；但是假如交换的是思想，那结果却是完全不同了——每个人就会有两种思想。因此，我们要激发学生的思维，给他们营造轻松融洽的讨论氛围，让他们畅所欲言，班主任则将头脑风暴过程中所提出的观点加以概括或以关键词的方式记录在黑板上，在全班讨论的基础上最后形成共识。

头脑风暴法非常适合在微班会中使用，它可以让我们在有限的时间内，实现师生的思维碰撞。通过头脑风暴，给学生提供发表自己想法的平台，针对班级里的一种现象，一些事情，一项规则，进行思维上的碰撞，而后形成共识，这样，班级的凝聚力就会增强，由头脑风暴所产生的认识、决定，大家都会从心里表示认同，并自觉地去遵守它。由于微班会时间短，头脑风暴法在微班会中也可以简化为短暂的集体讨论。

那么怎样在微班会中开展头脑风暴呢？

一、明确话题，强调规则

在微班会开始时，班主任应先明确本次微班会要讨论的话题是什么，比如新学期开学后，是大家一起制定新的班规，还是组建班级互帮互学小组。接着班主任要向同学们强调头脑风暴的原则：1.要独立思考，同学们要解放思想，踊跃发言。2.在同学发言后，其他同学不要带着个人情绪去评判。3.不要强调发言的质量，想到什么都可以大胆地说出来。4.在同学发言时要认真倾听，确保微班会的秩序。这样的规则在第一次运用时应详细介绍。随着大家对规则的熟悉，可以从略，或只在活动过程中予以必要的提醒。

二、鼓励发言，积极研讨

在明确话题后，我们就进入自由发言阶段，班主任要巧妙地引导学生，鼓励大家自由讨论，并注意要进行简要的记录。如果是以小组讨论的形式进行，班主任要首先对小组长进行必要的指导，让大家学会如何概括学生发言的要点，如何总结出关键字然后进行罗列。本文链接的微班会《我们班的“清单革命”》中，在班主任胡老师介绍了“小组长收作业清单”“课代表完成任务清单”后，随即组织各小组讨论，开展头脑风暴。讨论过后，同学们才真正意识到“清单”的重要性，以及“清单”带给他们的好处——让事情变得有条不紊，不会有任何疏漏，同时还能帮我们节约时间，可谓一举多得。

三、集思广益，形成共识

由于是小学生，我们在开展头脑风暴时，不能像成人那样要求他们思维敏锐、见解不凡。但是小孩子有时也有大见解。因此在班级讨论时，我们主张，老师的点子应该出在学生之后。在本文链接的微班会《我们这样吃加餐》中，老师的点子就出在学生之后。这样做是为了让学生先动起来。让他们先思考，讨论，争辩。你看，许多金点子就这样诞生了。老师的点子出在学生后，是在学生讨论的基础上，再引出问题的焦点所在。由于学生认识的局限性，解决问题的方案不够妥当，而老师经过思考后提出的教案，也容易得到学生的认同。

由于小学生年龄小，头脑风暴可与讲故事、看视频等方式结合起来。这样更容易形成共识，汇聚力量。

·链接33·

我们班的“清单革命”

（班级管理话题）

陕西西安市浐灞第二小学·胡　敏

“胡老师早上好，‘早读清单’已在电脑屏幕中打开，大家都开始静音阅读了。”

“胡老师，‘值日清单’已核对，教室里的各项工作检查无误，我们可以放学啦！”

“胡老师好，‘语文作业清单’我已经开始使用，妈妈说再也不用担心我会忘记写作业啦……”

近三个月以来，我在同学们的各种汇报和交流中，经常能听见“清单”这个词，眼中看到的，是班级内各项事务都在逐步地有序地进行着：同学们各司其职，充分利用每一分钟做好自己该做的事；不再丢三落四、粗枝大叶、消磨时间。“清单”，这一有效的管理工具已经被运用到了同学们的学习生活中，帮助这群刚步入四年级的孩子逐渐养成规划意识和目标意识，而这些可喜的变化和进步，都源自三个月前的那次微班会“我们班的‘清单革命’”。

开学后，我挥泪告别了带教六年的班级，然后以四年级（3）班的新任班主任身份走进了教室。我每天都在观察同学们的行为习惯，思考改善之处。几经思考，我将教育点选定为每天的值日工作，有意识地培养学生形成初步的“清单思维”。

9月下旬的一个午后，“我们班的‘清单革命’”的微班会在王新宝同学的主持中拉开了序幕：

“同学们，看看屏幕上这些关于教室的照片，我们整洁的教室全靠值日生们的辛苦劳动，可你们知道吗？值日生们也有不少烦恼呢！让我们一起来听听吧。”

只见班级戏剧组的同学编排的情景剧《值日生的小烦恼》上演了。这些小演员们将值日中存在的“任务不清晰，安排有疏漏，工作有重复”等问题演绎得淋漓尽致，同学们或连连点头，或眉头紧皱，或低头思索，或轻声交流。短短4分钟的情景再现让同学们开始认真思考值日中存在的问题。

这时主持人话锋一转：“我可听说咱们班主任胡老师有妙招来解决值日中的大问题，我们一起来听听吧！”

在同学们好奇的目光中，我走上讲台，打开了事先准备好的模板，说：“同学们，值日中存在的问题，归根结底是我们的值日组长在前期没有明确分配任务、责任到人，想解决这些问题，靠一张‘方便记录、避免疏漏’的任务清单就可以了！一点也不难。”

在大家不解的眼神中，我先展示了一张“小组长收作业清单”范例：

小组长收作业清单

	卷子	作业本	回执单
小明			
小玉			
小王			

紧接着，又展示了一张“课代表管理清单”范例：

课代表管理清单

日期	周一	周二	周三	周四	周五
作业内容	课堂本	作文本	写话本	卷子	阅读存折
第一小组	√	√	√		
第二小组	√	缺2人	√		
第三小组	缺1人	√	√		
第四小组	√	√	缺1人		

通过各小组对这两张清单模板的讨论，同学们这才恍然大悟：对啊，我们的值日小组也可以列一张“值日清单”呀！组长先将班

级值日的各项任务提前规划给组员，随后每天定期检查和提醒，这样就能避免很多问题的发生了。于是，同学们就利用手边的草稿纸，开始设计自己小组的值日清单，大家集思广益，妙招频出，不到2分钟，一份份“值日清单”就出炉了。

趁着同学们兴致正高，我又给大家推荐了《清单革命》这本书。我告诉同学们，其实在我们的学习生活中处处都能用到书中的“清单思维”，“清单思维”可以帮助我们把事情安排得明明白白，解决问题的效率也会大大提高，我们应该开始一场属于自己的“清单革命”。

虽然这节微班会只有短短的十分钟，却给孩子们打开了新窗口，带来了新的做事方法，树立了高效的目标意识，开启了一种让他们终身受益的思维方式，正如《清单革命》这本书所说的：新的一天要从前一天晚上开始。

在随后的三个月里，我们不仅建立了小组的值日清单，大家还为班级列出了“班级值日核对清单”。放学前，值日组长会对照这份清单中的七项内容再检查一遍，以确保无一疏漏。同学们还发散思维，针对班级早读前出现的“收作业困难、嘈杂声较大、忘写阅读存折、第一节课的书本未及时摆放”等问题，推出了16个字的“早读清单”：作业分类，静音阅读，填写存折，摆放课本。

每天早读开始前，就会有一位同学将它出示在班级投影屏上，提醒大家提前准备，莫荒废时间。可别小看文字的力量，孩子们在潜移默化中逐渐明白了——在正确的时间做正确的事是多么的重要。

这场轰轰烈烈的“清单革命”已经持续了一个学期，我们通过一个又一个微班会加以推进。我能清楚地感受到清单给同学们的学习和生活带来的变化，这是我和家长们所希望见到的：孩子们学会了如何安排事情，学会了如何达成目标，学会了如何解决问题。

·链接34·

我们这样吃加餐

（班级管理话题）

山东潍坊新纪元学校·李　华

这学期三年级又分班啦！

由于频繁分班，班里孩子的卫生观念不强了，尤其是吃完加餐后，地面上到处是小碎屑，让人不忍直视。我想了好多办法：批评教育，课上课下督促孩子捡拾碎屑，吃加餐时盯着他们……但是效果并不明显。

我苦思冥想，终于想到了一个好办法。面对今天加餐吃完后教室里又是一片狼藉的惨状，我决定利用班会课前10分钟解决这个问题。

上课伊始，我就发问："同学们，看看你们的脚下，座位底下，你们都看到了什么？告诉我吧！"

小玉不好意思地站起来说："我这里有洒的奶。"

子豪挠挠头皮笑着说："我这儿有小碎屑，还有加餐的包装袋。"

小涵说："我这里有掉的面包渣。"

大家七嘴八舌地纷纷查看着自己的“小地盘”，指出哪里不卫生。

我摆手示意他们停止检讨。教室里慢慢安静了下来。“同学们，你们喜欢干干净净的教室还是脏脏的垃圾堆？”

“干净的教室！”孩子们异口同声地回答。

“那好，让我们一起听个故事，好吗？”我把事先准备好的故事录制成音频，播放给孩子们听：

同学们都去上体育课了，教室里空无一人。突然，从教室的一个角落里传来了一阵轻微的说话声。原来是那些从不开口的小精灵们。它们在议论什么呢？

仔细听后才知道，原来小精灵们在开会。一个小精灵说：“这个地方的垃圾太多了，很多小精灵都走了。”另一个小精灵说：“是啊！是啊！我们不可以再忍下去了。”小精灵的队长说：“那好，我们一起制造更多的垃圾，让这个教室脏得无处下脚，臭气熏天，看同学们还敢不敢乱扔垃圾。”

说着小精灵们开始行动了。队长负责指挥，有的小精灵把其他班级的垃圾搬到了这里，有的小精灵把马路上的垃圾也搬到这里，还有的把别人家里的垃圾也搬到这里。同学们回到教室后都大吃一惊，教室里到处都是垃圾，又脏又臭，不得已急忙拿着笤帚和拖把把教室打扫干净，不一会儿，教室就变得整洁明亮了，同学们看到后都觉得无比舒适，并且十分开心。相比以前，每个人的心里都有说不出的感觉。这时大家开始反省自己的错误，想要改正乱扔垃圾的坏习惯。

自此，同学们再也没有乱扔垃圾了。

故事讲完了，孩子们听得很认真，教室里静悄悄的！我趁此机会接着发问："大家听了这个故事后有什么想说的吗？"

教室里又是一片热闹景象。首先发言的是班长："我觉得我们可以让小组长监督各小组的卫生，下课就检查，好的加分，不好的扣分，并且还需要督促各小组重新打扫卫生直至合格为止。"

班长的发言得到了很多孩子的认同。

"我觉得每个人都应该准备一个小挂钩和一个小方便袋——用来装自己的垃圾。"小成不甘示弱地说。

小韩急急忙忙地站起来说道："老师，老师，我可以在课下提醒咱们班同学检查自己的卫生，并帮助大家打扫。"

听了孩子们的各种建议，我喜出望外。看来孩子们的集体荣誉感还是很强的，我暗自赞叹。"同学们的建议真是不错，老师为你们点赞！受到大家的启发，我忽然想到一个好办法，大家看看是否可行？我们班的卫生问题主要出在加餐上，我们可以准备一块小餐巾，在吃加餐的时候可以把小餐巾平铺在桌子上，吃完后我们再把小碎屑和包装袋一起包裹起来，把它们扔进垃圾桶，这个提议如何？"我的话音刚落，教室里就响起了一片掌声。

"同学们，我们使用小餐巾的时候也要注意卫生，要不餐巾脏了，我们还用它吃加餐，那就更不卫生了。但是我们要怎么做才能让它更卫生？"

"尽量不把奶洒到餐巾上。"小岩开心地说。

热心的小彤说："不用餐巾的时候，要把它收起来放进专门的袋子里，这样会更加卫生。"

"大家的建议真不错，想出了这么多好点子，建议大家平时注意餐巾的卫生，每周五定期拿回家洗一洗，多谢大家出谋划策！”

经过讨论，这个方案就这么愉快地敲定了。

自此以后，孩子们在吃加餐的时候，都会先铺上一块餐巾，这么干净整洁的画面远远看去就像是一道亮丽的风景线，与此同时，棘手的卫生问题也迎刃而解。

我们这样吃加餐，真的很棒！

第 18 招

精彩图片要用好

浙江瑞安市新纪元小学·李晓倩

如今我们到了“读图”时代，图片信息量大，直观性强，精彩的图片被称为“有温度的视觉”。通过观看精彩的图片可以使学生身临其境，引发学生思考，增强学生对话题的兴趣。

由于微班会的时间有限，图片和视频虽然同样生动形象，但图片的操作更简便，一张精彩的图片就可以产生强烈的视觉效果。因此，如果我们能用好精彩的图片，就能更好地引起学生的关注，促进微班会的顺利开展。

但是精彩图片从哪里获得呢？首先，我们要做个有心人，在生活中，我们可以有意识地拍下一些照片以备不时之需；其次，如果你在网上或报刊上看到了好的图片，可以先下载收藏，比如昵图网、千图网、视觉ME等都是值得参考的网站。当然，你还可以上网搜索需要的图片。

有了精彩的图片，我们在使用过程中还要注意以下几点。

一、仔细观察，用好单张图

用单张图，是许多班主任上微班会最常用的做法。在使用单张图片时，班主任要引导学生仔细观察，不仅要注意图片上的内容，还要注意图片背后的时代背景、相关故事、他人评论等内容。如本文链接的微班会《我不是“怪人”》中，老师用梵高的自画像，引导学生走近梵高，了解梵高，从梵高的怪异之处引申出个体的差异，消除大家的偏见，让学生学会尊重他人，平等对待他人。

用单张图操作相对简单，不过展示图片时要去掉水印等无关字样，以免分散学生的注意力。

二、学会比较，用好两张图

找不同，是孩子们最喜欢的一种游戏。游戏规则一般是需要孩子们仔细观察两幅图画，用简明的语言说明两幅图画的不同之处。而在微班会中，如果能用好两张图，可以使学生辨别是非，分清好坏，从而帮助学生发现并改正自己的缺点。

比较可以是鲜明的比较。比如学生上课认真听讲与上课开小差的对比照，差距一目了然，学生能迅速做出反应并给出正确的判断。同样学生课桌书籍摆放的对比照，学生在升国旗仪式时不同站姿的对比照，学生在就餐时餐盘的对比照……真是“不比不知道，一比吓一跳”。但要注意的是，在选择负面照片时要注意保护学生的自尊心，不能随意曝光令孩子羞愧的一面，尊重孩子成长的过程。对比图片的出示，能让原本没有充分认识到自身行为不当的孩子，很快就有了直观的判断，有了更深层次的思考。在此基础上与孩子们一起讨论原因和说出自己的感受，就能让孩子们有深入认识和深刻记忆。

比较也可以是细微的比较。比如两位同学接受奖状时的不同手势（单手与双手），看似差不多，实则大不相同。通过这样的图片，老师让学生自己去观察，自己去探索，从而获得一种成就感。

学生有了成就感后，老师再继续引导学生讨论，在讨论中悟出道理，明白做法，那么这节微班会的效果就会更好。

三、不断深入，用好多张图

不少班主任还喜欢用多张图片上微班会。因为多张图片通常具有连贯性，以及逐步深入的特点。

如本文链接的微班会《教室里的调音师》中，班主任喇老师在课上展示了四张不同场景的图片，让大家在观看多张图片时思考什么场合适合用什么音量，再通过游戏让学生区分不同的音量，以及让学生明白要根据不同的场合采用不同的音量说话，从而提升学生的文明素养。

当然，多张图的使用，还有一种用法，就是配合故事讲述来使用。通过老师或学生的讲述，学生边听边看滚动图片形成的故事，效果也是不错的。

·链接35·

我不是“怪人”

（人际关系话题）

重庆涪陵外国语学校·何婷婷

在星期一的升旗仪式上，我突然听到两个人的吵闹声。等我回过神来，才发现原来是我班的小博和小颜在说话，作为班主任的我瞬间怒火中烧，可是鉴于当时的场合，我还是克制住了自己的怒火，只说了句：“先静下，等会儿再说！”

活动结束后，我立刻了解了事情的前因后果：原来小博和小颜这两个男生分别在阿覃这个女生的左右两边站立，但两个男生都不想挨着阿覃，不想站得太近，于是推来推去，最后争吵了起来。在男多女少的班级里，女生不是更受欢迎吗？为何在大多数同学的心里，阿覃却如烫手山芋，在小组组队时大家不愿意选择她，在就餐排队时大家也都不想站在她的旁边，就连吃饭的时候，大家都不愿意坐在她对面。后来经过了解才知道，大家都觉得她很怪。怪在平时爱流汗，头发常常湿答答的；怪在上课时朗读的声音异常大；怪在睡前爱哼歌……久而久之，阿覃也在大家异样的目光中，变得自卑和胆怯。如若放任不管，这种趋势还会蔓延下去，甚至愈演愈烈，于是我决定召开一次微班会来引导学生。

班会即将开始时，我像平时一样走进教室，孩子们都没有发现什么异样，可是当我从身后拿出一个可爱的小狗玩具时，孩子们都按捺不住内心的好奇，在教室里窃窃私语，“何老师要和我们玩游戏呢”。

“这是一条不一样的狗。”我给孩子们讲起绘本故事《一只与众不同的狗》。原来在忙忙碌碌的都市里，有一条与众不同的狗。这条“不一样”的狗想要尽力融入身边的环境，但是它的穿着和行为都跟别人不一样。它觉得自己与大家有点格格不入，也不适合在这里继续生活，于是它收拾行囊，离开家乡……在一站又一站的旅程中，它逐渐发现：每条狗都有自己的特点，都是“不一样”的。后来它回到了家乡，受到家乡的狗狗们的热烈欢迎，因为其他狗狗在它离开后反而开始怀念它了，还开始效仿它的行为。现在大家都转变了看法，也让狗狗们对“与众不同”这个词有了新的认识。

故事讲完后，我提问：“你们觉得这条狗是不是与大家格格不入呢？”

“并没有，它只是自己这样觉得而已。”小童回答道。“应该自信，不要过多地在意别人的看法。”小曾补充道。

“是的，每个人都是与众不同的，我们要努力做一个自信的人。”我肯定地说。其他同学都点点头，表示认可。我趁热打铁：“同学们，不仅是这条狗与众不同，其实我们身边也有与众不同的人，你们看……”说着我出示了一幅梵高的自画像，问：“同学们，你们觉得这个人长得怎么样？”

“尖嘴猴腮，不大好看。”小梅脱口而出。

“满脸的络腮胡。”“很黑。”“衣服有点破烂。”“眼睛有点凹陷。”教室里沸腾起来了。

“那同学们，你们知道你们评价的这个人是谁吗？”我又问道。

顿时教室安静了，只有爱好绘画的珂依举手答道：“他是梵高。”

“对的，孩子们，他是梵高，他是一位全球知名的天才画家，也是被人称作疯子的画家，你们知道吗？”我补充道。

孩子们听到这样的介绍，一时语塞，都瞪大眼睛望着我，觉得难以置信。

紧接着，我又补充道：“就是这样一位了不起，却被人称作疯子的画家，他写了一篇《我不是一个怪人》的文章，他阐述了在外人眼里，自己有很多与常人不同的地方，可是他希望大家不要把他当作‘怪人’。同学们，你们觉得他是‘怪人’吗？”

“有点怪。”有人小声地说。“不是，每个人都不同。”小则肯定地说。

“那别人把他当作‘怪人’，都排斥他，这样做对吗？”我追问道。

“不对。”大家纷纷点头表示认可。

我又追问：“同学们，你们的身上有没有和别人‘不一样’的地方呢？你们希望被人排斥吗？”

大家相互望了望，不好意思地点点头又摇摇头。看着孩子们的眼神，我知道他们已经明白了我的用意。

最后，我总结道：“是的，孩子们，世界上没有两片完全相同的树叶，更没有完全相同的两个人。我们每个人都是独一无二的，我们都是与众不同的个体，与众不同是天性，而并非‘怪’，所以我们要勇敢地做自己，接纳自己，同时也要接受身边人的不足。善待自己，善待他人，相信你们的人生会精彩纷呈！”

·链接36·

教室里的调音师

（文化学习话题）

浙江平阳新纪元学校·喇成艳

最近有任课老师反映，班上总有个别学生回答问题声音太小或上课太吵，导致其他同学的听课效果不好，我也发现这个问题确实存在。

“嘘——上课了，教室里要安静下来了，老师还听到有叽叽喳喳的声音哦！”这天班会课上课铃响后，我走进教室说道，“到底什么时候要大声，什么时候该小声呢？今天让我们一起学做教室里的调音师吧！”

孩子们听说学做教室里的调音师，都用好奇的目光注视着我。

“首先，老师邀请大家欣赏几张教室里的图片，如果你在图片里看到了让人失望的画面，你可以露出一个哭脸的表情，要是你看到令人欣喜的画面，请你把灿烂的笑脸送给他，好吗？”

我出示了图片。第一幅图：在小组讨论时，声音太大了。孩子们都露出失望的表情。第二幅图：在个人发言时，声音太小了，同学们听不到。所以，孩子们还是露出失望的表情。第三幅图：在课间游戏时，廊道的声音太大了！我又看到了孩子们失望的表情。最后一幅图：在上课的时候，同学们发言的声音洪亮，表达清楚。孩子们随即露出了灿烂的笑脸。

“请问为什么你们看到第四幅图就笑起来了呢？”

东霖回答：“第四幅图，同学们上课回答问题时，我看到图上老师表扬学生回答问题声音洪亮，回答得很精彩！”

“发言的同学声音洪亮，让你觉得很舒服，是吗？” 说着我出示了课件，让学生认识教室里常见的六个音量宝宝：静无声、悄悄说、小声说、平常说、大声说、放声说。

“接下来，让我们学做调音师吧，看谁能把音量宝宝送到合适的音量台阶上？”我请同学来给音量宝宝排序，“音量台阶可分为零级到五级，注意对应的音量哦！”

越泽回答：“零级音量应该对应的是静无声，一级音量是悄悄说、二级音量是小声说、三级音量是平常说、四级音量是大声说、五级音量是放声说。”

“你回答得真好！”我表扬了越泽，又问道，“在教室里什么时候应该静无声？”

克恒回答，自由阅读时、同学发言时、练字时、老师讲课时都需要静无声。

“嗯，你平时也做到了静无声。”我对克恒的回答表示了肯定，“这里的‘悄悄说’和‘小声说’你们知道它们有什么区别吗？我们来比较一下。你们觉得它们俩谁的音量更大，那什么时候应该悄悄说，什么时候应该小声说呢？”

必康回答：“两人讨论时，要悄悄说！而四人讨论时，声音应该稍微大一点，不过不能太大，不然会干扰其他小组，所以要小声说！”

思淇说：“在课间活动时，可以用三级音量平常说，而在课堂上汇报交流时，应该是放声说！”

“最后，让我们一起拍手读小小调音歌吧！”在我的指挥下，孩子们放声朗读：

教室里，学调音。别人说，静无声。

与同桌，悄悄说。四人组，小声说。

发言时，大声说。汇报时，放声说。

下课后，正常说。分场合，文明说。

“那我们从今天开始‘学调音学说话’，好吗？”

“好！”孩子们放声应道。我满怀爱意地看着每一个孩子，我相信，他们一定会做到，并且会做得更好。

第19招

古诗名句开心智

湖南岳阳市岳阳楼区东方红小学·刘霞辉

在小学生的成长过程中，中华优秀传统文化以其厚重且充满智慧的力量，日渐丰富和浸润他们的心灵。我们在《中华诗词大会》《朗读者》《百家讲坛》等各类文化节目中，真切地感受到文质兼美的经典诗文，它们通常涉猎宽泛、含蓄凝练、意境深远、富含哲理，是陶冶性情、养正童蒙、开启心智的有效方法。在上微班会时，合理运用古诗名句能获得事半功倍的效果。

一、勤读善学，涵养自身

优秀的教育工作者，自己本身就是一本“活教材”。这个“活”体现为有海量的阅读存储和活学活用的教育能力。思想的高度，实则是书籍的深度，用经典诗文来养正童蒙，需要我们养成以下好习惯：

1.阅读的习惯。“人心如良苗，得养乃滋长。”每天抽出一定的时间，接触经典的传统文化，就是与圣贤交流。《中华诗词名篇》《道德经》《论语》《弟子规》《增广贤文》等都是优秀传统文化的传世之作，它们都可以成为我们的案头书，每日习得一章，将会从中汲取“一棵树摇动另一棵树，一朵云推动另一朵云”的教育能量。

2.笔录的习惯。学校工作较为庞杂，特别是班主任老师往往“身兼数职”，头脑中会装满各项工作，为了防止顾此失彼，我们在每日阅读过后，可以摘录书中的诗文名句放置案头，随时翻阅、温习，以强化自己的理解与印象，达到熟记于心的效果。请相信，这些经典名句会在特定的教育情境下，自然而然地从头脑中迸发出来，让你有如神助，产生超越其他教育形式的效果与能量。

二、快速检索，动情诵读

微班会是用来解决问题的，怎么在短时间内发挥古诗名句的文化魅力，对学生产生激励、唤醒、潜移默化的影响，就需要我们练就以下两种能力：

1.快速检索能力。古诗文领域涉猎宽泛，包含家国情怀、敬天爱人、励志有为等，既能授业解惑，又是“传道”担当。当我们面对学生需要引导的若干问题时，要能够在头脑中快速检索出学生耳熟能详、有血有肉、极具“亲和力”的经典名句，借古圣贤的谆谆教诲，来观照问题、反省自身，达到自我教育的目的。

2.动情诵读能力。古诗名句文质兼美，朗朗上口。黑格尔说：教师是孩子心中最完美的偶像。班主任如果能用语言和情感魅力去演绎诗文，一定能很快激发学生的兴趣，产生情感共鸣，也能帮助他们更好地理解诗文内容，领会其要义。如果是学生已经熟知的诗文，也可以指名或齐声诵读。在特定的教育场景中，他们更能体会到例如“胜日寻芳”“花柳逐时新”的风光，再从中领悟新要义，获取新收获。而对于学生不太熟悉的诗文名句，则可以在讲解诗文背景后，再加以指导解析，让学生先诵读、后讨论，从而引出学生的个人见解，传递文中的价值观，使他们对诗文的认识更丰富，也更深刻。其间，班主任参与的动情诵读也可以助推学习高潮，引领学生深入思考。

三、活学巧用，启迪心智

用古诗名言做班会课素材，要注意它应该是潜移默化、水到渠成的浸润，而非穿靴戴帽、生搬硬套的灌输，我们需在特定的教育情境中活学巧用。例如，在本文链接的微班会《子在巢中望母归》中，笔者就是抓住了事件的本质，利用诗文名篇对学生进行“生命教育”的。例如白居易的《鸟》蕴含着温度与情感，把它与教育事件相关联后，能让学生产生情感共鸣，领会“不著一字，尽得风流”的真谛。再如面对学生在食堂就餐时的种种浪费，班主任可以出示学生非常熟悉的“谁知盘中餐，粒粒皆辛苦”的诗句，让学生结合诗文，去看“一粒米的旅行”，让学生对诗句“粒粒皆辛苦”有更形象、更饱满的认识。随后班主任继续出示“丰年不忘饥苦，富岁当思节约”的诗句，引发学生讨论，让学生在交流中不仅谈及“我”应该怎么做，还可以思考“我的家庭”“我的班级”应该如何厉行节约，让文以载道的价值远远超越诗文本身。

班主任，本身就是中华优秀文化的传承者和践行者，利用古诗名句的精髓，培植学生文化自信的种子，构建阳光健康、有品格的精神世界，这样的微班会大有可为。

·链接37·

子在巢中望母归

（敬畏生命话题）

湖南岳阳市岳阳楼区东方红小学·刘霞辉

午间，校门一开，孩子们便小雀儿般跃进校园。他们欢快地从我身旁走过，还不时地问候着："刘校长，您好！"我摸摸头，拍拍肩，又或者与他们击个掌，也热情地回应着他们。

"刘校长！"一个三年级男孩急匆匆地赶来，神情愤懑，"我需要向您反映一个问题，一个六年级的哥哥打死了一只鸟。"他一脸正义，郑重其事地看着我。

"哦，有这样的事？哪个班的？""好像是六年级130班。"

下午第二节课是全校的班队活动课，我决定在六年级130班的教室上一节微班会。上课铃声响后，我走进了教室。孩子们见我进来，有些诧异。我冲他们笑了笑说，今天我要给你们班上一节微班会。说着转身在黑板上写下了白居易的诗《鸟》：谁道群生性命微？一般骨肉一般皮。劝君莫打枝头鸟，子在巢中望母归。

粉笔刚落，底下就传来窃窃私语声：

"你知道吧，张梓越今天打死了一只鸟！"

"好像是一只小鸟仔。"

"不对，打死的是鸟妈妈！"

"难怪刘校长来我们班，看样子要挨批了！"

…………

我装作没听见，只是很动情地把古诗朗读了两遍。白居易的诗通俗易懂，先提出问题，随后指出世间万物与人类一样，都是有血有肉的，我随即表达了自己的看法，真诚地发出善待鸟类的劝诫，更用幼鸟盼望母鸟的动人情景来感召他们。

教室里静寂无声。我又请两个孩子读了一遍，一个语气低沉，一个速度缓慢，显然白居易的诗，大家都读得懂，诗人的语言、情感掀动着师生的心潮。特别是有个女孩眼中噙满了泪水，也感动了我。

“老师，张梓越打死了一只鸟！”这时，毛馨月终于忍不住了，站起来控诉他，这下教室里炸开了锅，告状声不绝于耳。我示意大家安静，问道：“知道这件事的请举手！”半数孩子举起了手。

但这时，张梓越站了起来：“老师，我觉得很有必要澄清一下，我的确买了个玩具枪，是带子弹上膛的那种，但我以人格保证，那只鸟不是我打死的……当我看到它的时候，它就已经受伤了，也救不活了……刚好就被那个弟弟看到了，他一口咬定是我打死的，我真的很……很冤。大家都误会我，我也很难过。我向大家保证，下次再也不带玩具枪来学校了，也不带其他有危险的玩具。”

怎么说呢，这个家伙是有些淘气，但这番话语充满了真诚，让我难辨真伪，但最终我还是选择了相信，从教室里沉重的气氛来看，孩子们似乎也选择了相信。

“老师，我想发表意见。”刘彦兰把手举得高高的，这个平素爱笑的女孩儿此时也严肃地说，“不论是谁打死的这只鸟，我觉得对于它，对于它的家人，这都是一件非常痛苦的事情。今晚，鸟妈妈就看不到它的孩子了，小鸟就等不到它的鸟妈妈了……子在巢中望母归，等不到，该有多痛苦！”她的声音哽咽了，旁边的孩子的眼里也满是悲悯。

“同学们，古往今来，敬畏生命，爱护万物，都是我们应该重视的话题，无论是白居易的这首小诗，还是大家各抒己见的看法，我们都可以感受到爱护弱小、珍惜生命、善待自然的可贵。我相信大家说得到，也做得到。保护鸟类，敬畏大自然，一定会成为我们共同的心愿和自觉的行动！”

第 20 招

成语变化巧运用

重庆涪陵外国语学校·何婷婷

中华文化源远流长，语言文字丰富多彩。细心的班主任会发现平日里在课堂上都有成语的运用。而成语的变化运用是上好微班会的妙招。

成语是从古代相承沿用下来的，有固定的结构形式和固定的说法，有特定的意义、丰富的内涵，简短精辟、易记易用。成语的结构紧密，一般不能任意变动词序、抽换或增减其中的成分。可是随着社会的发展变化，成语变化在生活中已多有运用，大多收到了“语出惊人”的效果。微班会时间短，为了唤起学生的注意，很多班主任也有意运用成语变化的方法，并且都取得了很好的效果。

那如何才能在微班会上用好成语变化呢？我们可以这样做：

1.谐音变化。许多成语大家早已耳熟能详，为了起到教育的引导作用，使小学生更容易理解和记忆，班主任可将成语进行“谐音变化”。所谓“谐音变化”，就是在原来的成语中将其中某一个或几个字，利用谐音变化，使之变成另一个四字词。如本文链接的微班会《“谣”不可“言”》中，就是将成语“遥不可及”中的“遥”和“及”变成“谣”和“言”，利用谐音变化，成为另一个四字词，再赋予它新的含义。另外，针对班级学生出现攀比的现象——喜欢议论他们穿着，根据他人穿着拿有色眼镜看人的现象，可以开展“不要衣帽（以貌）取人”的微班会。在微班会上，利用成语的谐音变化，可以起到唤起学生注意、加深学生印象的作用。

2.句式变化。很多成语是紧缩句，从句子的形式看，可以分为肯定句和否定句。我们可进行句式的变化，将肯定变为否定，或将否定变为肯定。如将“言行不一”的成语变为“言行合一”，将“画蛇添足”变为“画蛇不添足”，以此来开展微班会，引导纠正学生语言和行为不一致、有错误不改正的行为。将“只可智取，不可力敌”变化为“可智取，可力敌”，用来教育学生，遇到困难可以多角度、多方面思考并解决问题。

3.两法综合。其实在现实生活中，以上两种成语变化方法并非孤立存在，而是相辅相成、相得益彰的。如本文链接的微班会《出口不成“脏”》中就是将“出口成章”这一成语利用谐音变化为“出口成脏”，再运用句式变化的方法，将肯定变否定，改为“出口不成脏”，赋予其新的含义。班主任由“学习语文的最高境界是能够出口成章”这句话，自然地引入微班会要探讨的问题——出口不成“脏”，以改掉小学生不自觉地讲脏话的坏习惯。像这样的用法在小学微班会上比较常见，如针对班上部分学生上课不发言、不问问题的情况，可以开展以“‘默默’要‘问’”为主题的微班会；针对课上发呆、开小差的情况，可以开展以“‘六神’要‘有主’”为主题的微班会，以及“瘾（引）不以为荣”等都是借用成语简短精辟、易记易用，富有深刻思想内涵的特点，以小学生在日常生活中出现的问题为抓手，巧妙地利用谐音变化、句式变化，使其拥有新的含义。在微班会中使用该招数，让学生明白遇到类似的问题应该如何处理，这样才能起到事半功倍的效果。这里的变化是词语活用，但成语有固定的结构形式和固定的说法，一般情况下不能乱变，更不能恶搞。而成语新解，要保持成语字面不变，但会赋予成语新的解释，也是成语变化可运用的方法。

·链接38·

出口不成“脏”

（文明举止话题）

浙江武义新纪元双语学校·谢瑞蕾

弹指一挥间，我们班的孩子已经是四年级的小学生啦。四年级的孩子慢慢褪去了稚嫩的脸庞，所表达的语言也越来越成熟。不知从何时起，“我×”成了他们的口头禅。虽然每次听到孩子们这么说，我都会提醒他们不能说脏话，但收效甚微。

渐渐地，我发现他们根本没把“我×”当成脏话，反而觉得说出这个词是件很酷的事。眼看越来越多的孩子这样说话，我想我得跟他们好好谈论这件事了。

因此，我首先观察了孩子们说“我×”的各种情境，然后私底下找了几个经常说这个词的孩子，向他们了解他们是从哪里学到这个词的，最后我根据这种情况专门制作了一份PPT，准备为孩子们开展一节微班会课。

第二天在语文早读前，我刚踏进教室，就兴致勃勃地对孩子们说：“同学们，都说学习语文的最高境界是能够出口成章，然而今天老师想要和你们聊的内容却是出口不成‘脏’。”我边说边把

“脏”这个大字儿写在了黑板的正中央。

“啊？”孩子们的眼睛瞪得大大的，眼里满是疑惑。

“老师，这是什么意思啊？”小顾迫不及待地问。

“脏话！是指脏话！”有同学反应过来了，其他同学也纷纷叫嚷着。

“那么什么是脏话呢？”我顺势问道。

“就是不文明的话。”小陈回答。

“对的，脏话就是一种不文明的语言，是一种骂人的话，而且是一种非常粗俗的语言。”我接着说，“我×，就是一句脏话。脏话一般带有侮辱性，语调很不屑，有明显的不尊重别人的意思，让人感觉很不舒服。老师很好奇，你们都是从哪里学到这些脏话的呢？”

“我看到视频里有人说，就跟着学了。”

“我们班有人说，我就跟着说了。”

“看来，都是手机和环境惹的‘祸’啊！这些APP你们平时看吗，玩吗？”接着我点开了一张大图，上面是孩子们能在手机上经常接触到的APP图标。

“我们都喜欢刷抖音，而抖音上有些人很喜欢说脏话，看来抖音是不能再玩了。”小陈一脸认真地说。

“也不是说不能玩，而是要看你怎么玩。如果你只看那些搞笑的视频，你就会不自觉地跟着说。其实抖音里面也有很多充满智慧的小视频，里面的学习生活小窍门就很适合你们看。可见，如何正确使用APP也很重要。此外，无论是在学校，还是在其他地方，我们都要努力营造一个文明的氛围，努力做到自己不说脏话的同时也要引导其他人不说脏话。”

“可是，有时候我总是无意识地说脏话，好像大脑不受控制一样。”小宋无奈地说。

“这样啊，请大家仔细地回想一下，你曾经在什么情况下说过脏话呢？”我进一步追问。

“当我听到我们班小刘数学考了100分的时候。”

“你是不是觉得他很厉害！”

“是的，他竟然得了100分，我之前完全没想到。”

“那你可以直接赞叹‘啊，小刘你真棒！’而不是说脏话。”

“当我看到小邓把只咬了一口的点心扔掉的时候。”小吴说。

“你觉得他这样做对吗？”

“不对。”

“所以你说脏话是想表达自己的不认同，对不对？其实你完全可以直接和小邓说‘小邓，你这样浪费点心是不对的’。老师明白，当你们想要表达某种情绪的时候，你们常常会用‘我×’来代替。也许你们觉得这两个字很方便，也能很快抒发自己的情感。但我们完全可以用更文明的话语把自己的思想表达出来，这样别人才能感受到你真实的心情。如果你实在很难改，那我们就先用‘我的天哪’来代替。”

孩子们若有所思地点点头。

“老师还想告诉你们，流行的并不一定是好的。就像流行感冒，谁也不想得吧？”我的话引得孩子们哈哈大笑。

“孩子们啊，出口不成‘脏’，文明你我他，让我们一起做个可爱的人吧！”我真诚地倡议道。

微班会结束后，虽然偶尔还是会听到一些脏话，但总会有孩子们友好的提醒。我想，在孩子们的互相监督下，慢慢地，我们班的每个孩子都可以做到出口不成“脏”吧。

·链接39·

“谣”不可“言”

（集体舆论话题）

浙江武义新纪元双语学校·谢瑞蕾

“谢老师，刚才珈珈拎点心的时候，不小心把点心弄掉了！”“不是因为珈珈，而是小凯故意撞破了袋子！”晚饭过后，我站在教室的后门等着孩子们回来。原本以为我会看到孩子们吃饱喝足后的可爱模样，万万没想到，等来的却是孩子们争先恐后的强烈“控诉”。一拨又一拨的孩子，看到我后都迫不及待地想把刚才发生的事情告诉我。但故事的内容越来越夸张了，有孩子甚至说是小凯很用力地推了珈珈一把，才把整袋点心弄掉的。当我了解了事情的原委后，我发现这事确有发生，但这个故事已被添油加醋，变得相当不靠谱了。于是我便想着好好教育他们，偷偷准备了一场名为“‘谣’不可‘言’”的微班会。在晚自习结束前，孩子们的作业均已完成。于是，我对孩子们说：“今天晚上大家都表现得很不错，老师要奖励你们一个小游戏，游戏的名字叫‘我是智能传声筒’。我们分三大组来玩，游戏规则是这样的，我会对第一个同学说一段话，第一个同学听完后要向第二个同学传达我的话，第二个同学听完后要向第三位同学传达……以此类推，看看哪组传达得最准确，最智能。”一听到玩游戏，孩子们都兴致勃勃地想要参加。首先第一大组要求传达的内容是：“小明喜欢吃香蕉，小明的妈妈喜欢吃橘子，小明的爸爸爱吃苹果但不爱吃香蕉，小明的姐姐不喜欢吃橘子但喜欢吃菠萝，小明的哥哥喜欢吃草莓但不喜欢吃苹果。”传着传着，孩子们就彻底混乱了，到底谁喜欢吃什么水果谁不喜欢吃什么水果已经完全搞不清楚了。到了最后一位同学，他的回答是“小明喜欢吃香蕉，小明的妈妈喜欢吃橘子，小明的爸爸爱吃橘子，小明的哥哥爱吃菠萝”惹得全班捧腹大笑。其余两个大组也玩了这个游戏，教室里热闹非凡。

在游戏结束后，我故作惊讶地问：“在刚刚的游戏中，你们有没有发现，我们每个人都在认真地倾听，在努力地表达，但只要有一个人表达得不够准确，传着，传着，就和事实相差了十万八千里！那这还叫‘事实’吗？”

孩子们摇了摇头。

“其实，违背事实的话就叫‘谣言’！”我顺势在黑板上写上“谣言”这两个大字。接着，我假装随意地提了一句：“听说，珈珈把一袋点心弄掉了？”

此话一出，孩子们纷纷欲言。小陈忍不住地接嘴道：“都怪小凯推了珈珈一下。”

“我没有！”小凯生气地回答。

“就是你，晚饭刚吃完你就冲到了珈珈旁边，还打了珈珈一下，所以袋子才破的，点心也掉了。”

“就是，就是。”

“我真的没有推她！”小凯急红了眼。

我假装很生气的样子，对着小凯厉声说道：“大家都这么说，你还不承认，点心你就别吃了！”

小凯的眼泪吧嗒吧嗒地掉了下来。其他同学见状，不敢再吭一声。

“俗话说‘耳听为虚，眼见为实’，你们真的看到小凯把珈珈撞倒在地了吗？”

孩子们摇摇头。

于是，我把珈珈和小凯请到了讲台上，请他们还原事件的经过。原来，吃完晚饭，小凯正好走在珈珈后面，看到珈珈手里拿着点心，本想跑过去帮她一下，但跑的冲劲太大，不小心碰到了珈珈的手，袋子就“啪嗒”一下掉了，里面的点心也掉在了地上。

“既然这样，那我们刚才说的就是——”我指了指黑板，孩子们齐声说道：“谣言。”

“原来如此。在我们传达事情的过程中，有时不了解情况，信口胡诌，把芝麻说成绿豆，把绿豆说成西瓜。谣言就这样产生了。我们可不可以传谣言呢？”

“不可以。”孩子们异口同声地说。

我又在黑板上写上“不可”这两个大字，接着问道：“为什么？”

“因为谣言不是事实。”有人迫不及待地说。

“是啊，谣言很可怕。一传十，十传百，传到最后也变了样。它不仅会伤害一个人，而且还会伤害一群人，甚至会伤害整个社会。2011年日本发生核泄漏事故，有传言说，因为核泄漏，食盐会供应紧张，所以出现了食盐被抢购的现象。对于随意散播谣言的人，我们国家会按照相关的法律法规，对其进行应有的处罚，严重的还会追究他们的刑事责任呢！希望我们都成为有头脑、有智慧的人，凡事认真想一想，不信谣，不传谣。因为谣言止于智者。”

孩子们纷纷点头表示赞同。

自习课后，隔壁班的男孩子在厕所里大叫：“有鬼啊！”只见我们班的孩子朝着厕所的方向大喊：“谣言止于智者。我们才不上当受骗呢！”

第 21 招

诵读儿歌好处多

河北石家庄金柳林外国语学校·呼东东

儿歌贴近儿童生活，内容浅显易懂、生动活泼，朗朗上口，便于记忆。尤其在小学一二年级的教育中，儿歌都具有不可或缺的重要地位。

孩子们对儿歌由感知到模仿，不但从中学到了知识，明白了道理，而且也丰富了他们的情感。微班会运用儿歌教育学生，将有助于学生养成良好的习惯，树立正确的道德信念，培养良好的文化基础和健全的人格。许多老师意识到，要上好微班会，诵读儿歌很重要。

那在微班会中要怎样运用儿歌对学生进行教育呢？

一、加强学习，用心收集

我们要先对有教育意义的儿歌进行收集、整理和归类。因为儿歌具有朗朗上口、主题明确和易于记忆的特点，所以它很容易在世界各地流传开来。除中国儿歌外，外国儿歌也有一些是我们耳熟能详的，如德国儿歌《小小少年》、俄罗斯儿歌《真正的朋友》、韩国儿歌《三只小熊》，日本儿歌《四季歌》等，这些都可以供大家选择。按照时代，传统儿歌和新儿歌也各有优势，传统儿歌流传时间久，比较经典，不论大人孩子都能哼唱，比如国学经典改编的儿歌《三字经》《弟子规》，还有古诗新唱形式的儿歌也都非常好，如爱国诗歌《出塞》《示儿》等，我们可以根据不同的教育目标，选择不同的内容。在收集儿歌时，我们可以参考薛瑞萍等主编的《日有所诵》和干国祥等主编的《晨诵课》丛书，里面整理、收集了大量中外经典儿歌，也可以参考金波等著的《读读童谣和儿歌》，里面不仅有丰富的内容，还有精美的插图。

二、针对学情，巧妙运用

要上好微班会，需要班主任留心班情，关注学生的心理状况，及时解决学生亟须解决的问题。在学生遇到问题时，朗朗上口的儿歌或许能够帮助他们快速解决问题。所以我们要针对学情，巧妙地运用儿歌。

如面对一年级的小朋友在课间进教室因为不礼让同学而发生争吵的情况，我们可以诵读儿歌《两只羊》：东边来了一只羊，西边来了一只羊，一起走到小桥上，你也不肯让，我也不肯让，扑通一声掉进河中央。还可以诵读《门口》：四只小猴，挤在门口，你挤我挤，谁也难走。四只小狗，排在门口，有先有后，出了门口。通过儿歌，让同学们明白互相礼让的道理，从而学会与同学交往。低年级的孩子们天性好动，走路一阵风，喜欢追跑打闹，我们可以诵读《静悄悄》这首儿歌：我要学猫猫，走路静悄悄。楼下张婆婆，最怕吵和闹。脚步咚咚咚，吓得她心跳。要是吓出病，那可怎么好？

再如低年级的同学遇到困难容易放弃，老师要及时鼓励学生，并用儿歌引导学生勇敢面对挫折，培养坚强的意志品质，就像《了不起的小蜘蛛》一样：风吹坏了你的网，你忙重织一张网。雨浇坏了你的网，你又重织一张网。鸟撞坏了你的网，你再重织一张网。了不起的小蜘蛛，不哭不闹好刚强。还可以读《小甲虫》：小甲虫，摔跟头。六脚朝天真难受。它把嗓子喊哑了，还是没人把它救。小甲虫，不再哭。自己努力去奋斗。又蹬腿，又扇翅……翻过身，站稳喽！张开两对小翅膀，“扑”地飞进云里头。

又如一二年级的小朋友在学校不能和同学友好相处，还有的孩子比较娇惯，在家里对长辈不够尊敬，我们也可以用国学经典《三字经》改编的儿歌进行教育：为人子，方少时。亲师友，习礼仪。香九龄，能温席。孝于亲，所当执。融四岁，能让梨。弟于长，宜先知。首孝悌，次见闻。通过反复诵读，引导学生领悟做人要感恩父母，善待他人，懂得做人的道理，提高学生的素质。

三、融情诵读，感悟事理

微班会所选的儿歌是需要根据班级的情况而定的，是为了通过儿歌达到教育的目的，班主任在运用儿歌时要结合儿歌加强说理。诵读时可以先出示儿歌，班主任有感情地范读，示范朗诵以后，可以适当地解释个别难懂的语句，帮助学生理解儿歌的内容，还可以采用出示图片或者实物的方式帮助学生理解。然后让同学们思考，为什么老师选了这首儿歌给大家朗读，经过讨论，了解其中的道理，最后全班一起朗读。为了帮助学生更好地明白道理，班主任还可以指导学生用动作、表情结合儿歌内容表演儿歌；或者将儿歌的内容编成一则短小的故事，让学生讲一讲，感悟其中的道理，再熟记于心。

四、结合学情，创编儿歌

在使用儿歌开展微班会时，经常会发现找不到特别恰当的素材，或有的素材只能用其中的一部分，这时，我们可以进行儿歌创作或者改编。我们要进行思考和分析，抓住切入点，厘清学生需掌握的要点。低年级学生的年龄较小，自编儿歌时可选取小动物为主角，让学生学会作比较。自编的儿歌需要注意押韵，朗朗上口。如本文链接的微班会《小厕所里的大文明》中，班主任潘老师根据班情，写了一首儿歌，概括了上厕所的注意事项。这首儿歌入情入理，朗朗上口，简单好记。学生将它们牢记于心，并将其转化为行动。

微班会运用儿歌教育，可以起到“春风化雨，润物无声”的作用。学生在诵读过程中听其言、入其境、品其味、动其情，培养人文精神，规范行为习惯，形成良好的品德。

·链接40·

小厕所里的大文明

（行为习惯话题）

浙江瑞安市新纪元小学·潘雪慧

我在这学期教一年级，开学的第一周就有好几位家长跟我反映，他们的孩子在校期间不喜欢上厕所，有时候想大便也会一直憋着，直到回家才上厕所。

为什么有孩子不喜欢在学校里上厕所呢？通过“紧急”调查，理由是“厕所太脏了”“不习惯用蹲坑”“不会擦屁股”等。

一年级新生不喜欢在校内上厕所，这事看似小，但却会影响孩子的身心健康啊！在一年级新学期开学时，引导孩子们文明如厕，也是让孩子们快速适应新环境的重要选题。中午放学后，我特意跑到厕所里拍了一些照片，为下午的微班会做好了准备。

班会课上，我笑着问道：“请同学们看大屏幕！这两幅图片，哪个标志代表男厕所，哪个标志代表女厕所？”

“穿裤子的是男生，代表男厕所。穿裙子的是女生，代表女厕所。”小林第一个举起了手。

“说得很正确。我们学校每个楼层都有厕所。想去上厕所的时候，我们要先看标志再进去。走错了可会闹笑话的哦！”我打趣道。

孩子们扑哧笑出了声音。

“上厕所很正常，这也是人生大事哦。”听了我的话，教室里立刻安静了下来。

这时，我出示了贴在学校厕所墙壁上的文明标语，让孩子们跟着我念：“向前一小步，文明一大步”“爱护公物，节约用水”“随手冲一冲，干净又文明”。

“同学们，这些标语时刻提醒大家注意文明。然而，仍有一些同学没有做到。在生活中，你见过哪些不文明的如厕行为呢？”

“把尿撒到了外面。”“拉完粑粑没有及时冲厕所。”“在厕所的隔板上乱涂乱画。”“把用过的纸巾到处乱扔。”同学们七嘴八舌地说着。

“既然发现了这么多不文明的行为，那么我们应该怎么做呢？” 我趁热打铁问道。

“上完厕所后要冲水。”小詹快速地回答。我顺势出示了厕所里的冲水阀门，继续问道：“那你知道怎么冲水吗？”“只要用手用力按一下这个按钮，水就会涌出来把厕所冲干净。”小詹一边指着图上的按钮一边大声回答。

“如果有小朋友上完厕所不及时冲水，那又会怎么样呢？”我皱着眉头问道。

“厕所里会变得很臭，而且还会滋生细菌。”小鹏作势捂了捂鼻子。

“下一个小朋友看了会很难受，就不想上厕所了。”小琳一脸的嫌弃。

“时间久了，大便就很难冲下去。”小好也皱起了眉头。

“是啊，为了不给下一个上厕所的同学添麻烦，我们上完厕所后要及时冲水。上完厕所及时冲水是最基本的文明行为，大家能做到吗？”

“能！”孩子们大声回答。

“上厕所的时候，我们要注意什么呢？”我继续问道。

“上厕所时要站好位置，不能把尿都撒到外面。”小禾回答道。

“没错！上厕所时，双脚要踩在蹲坑的两侧，保持正确的蹲姿，避免拉出坑外。”我赞许地点点头。

“上厕所时要把门关好。”“使用后的卫生纸要扔进垃圾桶。”“厕所的地面很湿，有可能会滑倒，我们要注意安全。”听了孩子们你一言我一语的提议，我喜出望外。

“同学们说得真不错，老师为你们点赞！上厕所时，我们也要注意把裤子脱到膝盖以上，不要掉在地上，以免弄湿、弄脏；擦屁股的时候不能站着擦，这样擦不干净；上完厕所要整理好衣服，要及时冲洗厕所，要把双手洗干净。记住了吗？”我补充道。

“记住了！”孩子们异口同声地回答。

“很好！老师准备了一首儿歌，我们一起来诵读。”说着我出示了儿歌，领着孩子们大声地念了起来：

小学生，讲文明，大事小事要做好。

如厕不是小事情，文明习惯要牢记。

关好门后再方便，大便小便进池里。

卫生纸巾丢桶里，冲厕洗手莫忘记。

“同学们，上厕所虽然只是小事，但却是一个人的道德品质和生活习惯的体现。小便入池、便后冲水，这些事情只是举手之劳，却是文明之举。美好校园我们共建。我请每一位同学都来做这件事的行动者和监督者，方便他人，方便自己！这是新学期的新起点，你们能不能做好？”我问道。

“能！”这次的声音更加响亮也更加整齐，我知道，这种教育方式一定会奏效。

第 22 招

善用金句激励人

山东威海市福泰小学·郑兆婷

古人云："亲其师，信其道，乐其学。"生动有趣的语言是拉近师生关系的润滑剂，若想成为一个受学生欢迎的好老师，班主任在教育教学中需要以工匠的精神锤炼语言，巧妙地运用金句，不仅要讲到问题的本质，还要讲到学生的心坎里去；既"思想深"，又"语言美"，既富有"语言魅力"，又展现"人格魅力"。那何为金句？金句是指像金子一样宝贵、有价值、有意义的句子，它可以是名人名言、网络流行语、经典语录等，也可以是班主任自己提炼的精彩语句。

语言是思维的物质外壳，优秀的金句之所以能够打动人心，在于它所蕴含的真理、思想、智慧、人格的力量。作为与时俱进的班主任，我们不妨努力做一个热情的金句收集者、研究者，并尝试在教学中成为金句的使用者、创造者，用生动鲜活、言近旨远的话语勉励学生，教育引导学生。

那么，班主任该如何在微班会上运用金句呢？

首先，多用激励人心的金句，指明学生的前进方向。班会课是落实立德树人根本任务的重要课程。丁如许老师在本书第二招中提到习近平总书记有许多金句可以作为师生行动的指南，如"新时代属于每一个人""幸福都是奋斗出来的""要如饥似渴、孜孜不倦学习”等精彩论述。班主任若在微班会教学中巧用这些金句，许多深刻独到、精辟凝练的话语便会像一束束光，照亮他们前行的路。

其次，多用蕴含哲理的金句，启迪学生的人生智慧。许多凝练的富有哲理的金句既包含了生活的经验与感悟，又展现了理性的灵动与深刻，容易拨动学生的心弦。如本书第八招链接的微班会《做一粒好种子》，李婷老师由袁隆平院士的题词“人就像种子，要做一粒好种子”引发学生的思考，你想做一粒怎样的种子？这种子不仅与袁隆平的育种工作相关，也与人生有关。同学们对我提的问题也给予了积极的回应。从他们的回答中我可以看出，蕴含着哲理的金句已经在学生心中生根、发芽、成长。

最后，多用幽默风趣的金句，调动学生的学习兴趣。传统的说教话语略显沉重，对活泼好动的小学生缺乏吸引力。具有感召力的班主任要有意识地运用诙谐幽默、生动有趣的金句来巧妙地调动学生学习的积极性，使学生在轻松愉悦的氛围中提高认识。如本文链接的微班会《你在服务区吗》中，面对部分学生漫不经心、恍若梦游的状态，李华老师先介绍了网络信号与服务区的关系，然后机智地运用发人深省的金句“你在服务区吗”惊醒“梦游人”，立刻引起了学生的兴趣，引导他们争相发言。

在微班会上，除了多运用社会上广为流传的金句，班主任还可以自行创作金句。常说常用，影响学生，带动全班。

所谓言为心声，语言是思维的表达，精彩的话语应是为师者的不懈追求。作为班主任，通过在课堂上锤炼金句和智慧运用，或熏陶启迪，或鼓励劝勉，或激趣引情，使自己出彩，使学生受益，使微班会更加精彩。

·链接41·

你在服务区吗

（课堂学习话题）

山东潍坊新纪元学校·李　华

三年级的小学生，自信心的培养很重要。有的孩子由于成绩不好或某个方面的缺失，往往对自己的评价过低，对自己失去信心。这学期我带的班升入了三年级，正好赶上分班调整，有三个调皮的孩子分进了我的班。班里的气氛一下子活跃了起来，但管理难度也随之陡增。尤其是在上课时，孩子们的走神令我头疼不已。

记得开学伊始，我就和孩子们约法三章：1.上课认真听讲。2.课下注意安全，不追赶打闹。3.爱护公物，做班级的主人。但好了没几天，麻烦就接踵而来。

孩子们正处于天性爱玩的时候，只有感兴趣的事情，他们才会认真去做，不感兴趣的事情，他们是不会认真去做的。一节课，孩子们真正专注听课的时间，也只有10分钟左右。如何在一节课的时间里让孩子们集中注意力，那就需要找一个他们感兴趣的话题。

对于许多学生来说，要想使他们全神贯注于整节课的学习，只靠一堂精心准备的课是远远不够的。即使是认真听讲的学生，也有走神的时候，老师需要在他们开小差的时候拉他们一把，帮助他们快速回到学习状态中来。

一个偶然的机会，我看到了一张图片，是关于学生在课堂上听课的形象比喻。我立刻利用这个契机，和孩子们说了这个新奇的比喻。

“同学们，如果把你们上课听讲的情况比作手机信号，有的是4G信号，接收能力强，覆盖范围广，信号满格，上课处于注意力集中的状态；有的是3G信号，信号还好，接收能力还可以，覆盖范围时多时少，偶尔会走神开小差；有的是2G信号，信号偏弱，很多东西接收不到，而有的孩子压根就不在服务区，坐在班里最靠前最中间的位置，也收不到信号，当然他们也学不到知识。你觉得你是什么信号，你在服务区吗？”

孩子们立刻来了兴趣，争着发言。小瑜首先举手说：“李老师，我是3G信号，大部分时间我都会认真听讲，但是也有不认真的时候，有时我会偷偷玩一会。”

“我觉得我是4G信号，课上我总是认真听课，好好做笔记。”班长小马自信地站起来说。

“嗯，你俩自我评价得很好，对自己平时的表现很了解。那其他同学呢，小组内说一说自己的信号状况。”

我刚说完，教室里就沸腾起来了。

“来，我们进行全班交流吧。”我因势利导地说。

“我觉得我们这一组的信号都不太好，2G和3G信号居多。”小组长小强说，“以后我们得互相比一比，看谁的信号好。”

“我觉得小涵平时总是走神发呆，她经常没有信号。”

“我们上语文和数学课时，大家的信号好一些。”

在一片笑声中，我告诉孩子们：“大家能分析出自己所处的信号状态，这很好，但是我们怎么样才能做到在服务区呢？”

孩子们纷纷发言，“课前要做好准备，充好电”；“上课要积极发言，不要溜出服务区”；“不要开小差，离开服务区”；“同桌可以互相提醒，保持信号畅通”。总之，一定要做到每节课都在服务区内。

于是，上课时我就经常用这个方法来提醒孩子们。看到注意力不集中的孩子，我就立马来一句：“看看谁又不在服务区了？”看到孩子的状态特别好了，我就会及时表扬，“你们都是4G，信号满格，接收信息特别好，大家要保持哦！”

孩子们听了立马集中注意力。就这样我带领孩子们走在信号满格的求学路上！

第 23 招

奖励虽小立奇功

浙江平阳新纪元学校·虞琼慧

奖励是德育中最常用的方法之一。它不仅有利于班级工作的开展，还能帮助孩子们培养良好的行为习惯。要调动学生参加微班会的积极性，用好奖励是一招。我们希望，奖励虽小立奇功。

那怎样在微班会上用好奖励呢？

1.奖励应以精神奖励为主。精神奖励可以有口头表扬，如赞美、点头和微笑等；有手势表扬，如点赞、掌声鼓励、轻拍肩膀等；有称号表扬，如颁发荣誉称号、发喜报、发奖状、发奖章等。

口头表扬、手势表扬随机、及时、便捷，是对学生的肯定和鼓励。特别是小学低年级的孩子，班主任运用口头表扬、手势表扬时，语气、动作还可以夸张一点。

颁发荣誉称号时，荣誉称号的设计要多动脑筋，以契合学生的年龄特点，满足学生的心理需要，如“环保小卫士”“劳动小能手”“小小书法家”等。

发喜报、发奖状、发奖章时要增强仪式感，以激发孩子们的荣誉感，调动他们的积极性。

如本文链接的微班会《嗨哟，嗨哟，小书包》中，班主任刘老师就用整理书包的例子做对比，在游戏过程中及时给予孩子们口头表扬、手势表扬和称号表扬，让孩子们学会了坚持，也培养了他们整理物品的好习惯。这个课例也可以给我们不少启发。

物质奖励也是可行的，可以是文具、玩具、食物、书本等。奖励的物品可以用班费统一购买，价格不宜过高，以免造成负担。但是与物质奖励相比，精神奖励更被许多孩子看重。特别是到了中高年级，对孩子的影响就更加明显了。

2.奖励应该充满活力。孩子对新事物总有一份期待感和新鲜感，奖励如果总是一成不变，就会失去它的最初效力，孩子们对它也会慢慢失去兴趣，积极性就很难再提高了。在本文链接的微班会《惊喜》中，班主任孙老师一改以往的方法，将奖励的自主权交给孩子们，让孩子们填写“愿望清单”，只要在合理范围内的奖励，愿望都予以认可，实施之后，孩子们的学习积极性一下子提高了，也取得了良好的成效。因此，班主任需要不断创新奖励，让奖励充满活力，让学生保持动力。

但是在我们的教育过程中，对学生进行奖励的终极目标是帮助他们内化良好的行为，培养良好的习惯、塑造优秀的品德，最终不需要奖励。因此当奖励的目标在往后的学习生活中已基本达成时，班主任可将奖励做出新的调整。

3.奖励应面向全体学生。班级奖励一定要面向全班同学。就如口头表扬、手势表扬，班主任不要有“遗忘的角落”。制定荣誉称号，也要面向全班同学，明确预期的目标，鼓励全班同学努力去争取。

当然，我们可以根据在实际工作中遇到的情况做出必要的调整，特别是“暂时落后的同学”，对有关目标达成还有一定的距离，但是相较于他以前的情况来说已经有所进步了。这时我们可以适当地调整帮助他完成目标，这样他才会有信心和动力继续坚持下去。

总之，对学生的奖励需要不断完善，实际操作中更需要我们关注学生的心灵成长，注入更多的人文情怀。只有这样，奖励的作用才能真正发挥出来，效果也会更加明显。

·链接42·

嗨哟，嗨哟，小书包

（学习习惯话题）

湖南岳阳市岳阳楼区东方红小学·刘　婵

在我接手二年级的新班时，我发现同学们的作业总是收不齐，而且每次收作业都耗时很长，原因可想而知——难找。都开学一年了，他们整理书包既没意识更没方法，我对此表示很头疼，心里也很是焦急。

有什么办法，可以真正触动孩子的心灵，让他们发现自己存在的错误，并让他们产生自我纠正的意识呢？照片和视频，直观、形象、操作方便，特别是它们都具有时效性和针对性，对于低年级孩子来说，这种方法很值得尝试。

于是，我拿起手机，给同学们的小书包拍照。还原情境，让问题在活动中呈现、生成，微班会便在游戏活动“寻宝”中拉开了序幕。

“两个人，书包里，找橡皮，哪个快，谁胜利！”先找到的孩子小明将橡皮兴奋地举起："我找到了！"

"哈哈，不急，还有一轮，请你们交换书包！再快速找到你们的数学书。"

刚才的兴奋已然荡然无存，小明的脸上只剩下乌云密布，眉头紧锁，他在五秒倒计时后依然还在埋头寻找。

"第一轮那么快就找到了橡皮，为什么这次找书却这么费劲儿？"

"老师，这个书包太乱了！"小明嘀咕着。

"真好！你及时发现了问题！"我立刻对他竖起了大拇指，接着说，"让我们来看看，这两个书包都长什么样吧？一起来看看！"我随手给小书包拍的照片"上场"了。一阵惊呼，嫌弃和佩服的表情在孩子们脸上轮番上演。

"这就是我们班上两个孩子的书包，你们有什么发现？"我问道。

"蓝书包太乱了！难怪找不到东西。" "红书包真好看，整齐干净，主人把它照顾得真好！" "要想快速找到东西，就要像红书包的主人一样，把书包整理好。" 同学们七嘴八舌地说。

为了让低年级的孩子们能够理解，我提前准备了他们亲切熟悉的大耳朵图图整理书包的视频，现在趁热打铁请同学们观看。边看边和孩子们对话，一起提炼出有效的方法：放桌上，分好类，排好队，整齐放。

"说过的会忘记，做过的才真正明白。"在《读书郎》的歌曲中，对照黑板上的方法，孩子们开始整理自己的书包。眼睛看看黑板，再瞧瞧桌上；书包里的物品分成了好几类；大书大本放一起，小书小本放一起；先装大本再装小本；跳绳纸巾放侧袋……孩子们埋头专注，各种忙活，做好的同学我及时给他们送上了掌声。在阵阵掌声中许多同学都做好了。

总收不齐作业是因为孩子整理完书包后不会检查，部分孩子的书包挤挤胀胀，撑得要“爆炸”，这是因为他们没有对课表的好习惯。孩子们喜欢听同龄人的声音，更喜欢听故事，那就把这些问题化为声音编成故事。原来整理书包完毕后，还得仔细检查和对课表。

“整理书包，关键在坚持！老师特意设计了一枚‘整理章’，我希望同学们用这节课学到的方法，整理自己的书包，整理自己的书桌、房间、衣柜。记住坚持就是胜利！这学期结束后，我们进行评比，做得好，这枚‘整理章’就属于你！”孩子们的眼里充满期待，跃跃欲试……

转眼间，一个学期即将结束，仿佛每个孩子都学会了咒语，给书包变魔法，小书包有了大变化，“红书包”到处可见，作业本如今收得又快又齐，桌面也变得越发整洁，领到“整理章”荣誉的孩子也超过了一大半。

·链接43·

惊喜

（鼓励学习话题）

山东潍坊新纪元学校·孙永灿

今年接了五年级的一个新班，班上的29名学生都是新学期开学时转入我校的。根据以往的经验，这些转入的孩子在学习上大多比较薄弱。上了几节课就印证了我的判断，而且整体差距也比较大。虽说我有点着急，但还是对他们充满了信心，因为根据我的经验，这些孩子大多是因为缺乏自信心、老师的关注度不够、学习习惯差或是家庭等多种原因造成他们知识缺漏比较多。我相信在师生的共同努力下，这些孩子能够迅速进步。

于是，我一如既往地运用过去奖励学生的方法，考核加减分、发表扬信、奖励文具、发小零食还有减免作业等。然而等到月考结果出来时，班里数学成绩的提升并不大，这下我有点急了。但急归急，还是要给孩子们鼓鼓劲，让他们树立学习的信心。我决定利用第二天的数学课，在讲评试卷之前给孩子们开一节微班会，好好调动一下他们的学习积极性。

第二天在数学课上，我简单地向大家通报了这次考试的基本情况，然后打开准备好的“荣誉时刻”背景课件，准备发奖。

然而同学们平静地坐在那里，似乎没有太大期待，看到大家这么佛性，我卖了个关子，让大家猜猜这次得到大奖的会是谁。大家说出的答案都是平时成绩比较好的几个同学。

“王—婧—瑜”，当我模仿着大型颁奖典礼主持人的语调报出她的名字时，同学们大吃一惊，都有点不太相信，王婧瑜本人也很惊讶地坐在那里。我故意等了几秒钟，然后请王婧瑜到讲台上。

我向大家介绍了平时王婧瑜的表现：虽然她不太喜欢主动发言，但听讲非常认真，当同学们在课间放松玩耍时，她还坚持看书、看自己的错题本，功夫不负有心人，这次考试王婧瑜成绩比上次小测验提高了将近20分！同学们听了我的介绍都连连点头，为王婧瑜的出色表现鼓起掌来。

我又请大家公认的平时表现比较好的几个同学谈谈对自己这次考试的评价，他们则表示不满意，因为没有发挥出他们最好的水平，考试时太粗心大意了。

“为了鼓励全班同学大踏步地前进，这次大奖没有你们。但我相信你们会找到自己的问题并迅速加以解决。”我对王婧瑜说：“大家给了你掌声，老师也觉得你这段时间的表现是最棒的。你想得到什么样的奖励呢？”

听到我这样问，王婧瑜想了一会儿，怯生生地说：“老师，我能找个时间到学校咖啡吧待一会儿吗，我特别喜欢那里的环境。”

听了她的话，我突然想起自己的口袋里还有一张咖啡券，就对她说：“你不仅可以去那里坐一会儿，而且老师还请你喝咖啡。”说罢，我掏出口袋里的咖啡券，像颁发奖状一样递给了婧瑜，婧瑜被这意外的“大奖”惊呆了，手捧着咖啡券，满脸洋溢着幸福……

这个“大奖”一下子点燃了教室里的气氛，有同学问：“老师，我要是有大进步，也能得到咖啡券吗？”

原来小小的咖啡券对孩子们有这样大的吸引力，我当即说：

“孩子们，我在这里郑重地向你们承诺，不管是哪位同学，只要与自己相比，取得了大家公认的大进步，老师都会请他到学校的咖啡吧喝咖啡或奶茶。当然对于成绩本来就已经比较优秀的同学，要给自己设定一个新目标，如果达到了这个目标，并且能够发挥优秀生的帮扶作用，也可以得到自己想要的奖励。只要提出的奖励合理，老师都可以满足……”

紧接着我把另外两名获大奖的同学张意嘉、许添颖请上讲台，介绍了他们平时的表现：张意嘉上课特别积极，从不害怕回答问题，不懂就问；许添颖平时做作业非常认真，主动帮助自己的同桌，而且特别有耐心，这次考试没有大的失误，会的题都做对了。两位同学的成绩与小测验相比已经有了较大的进步。

同学们听得极其认真，对他们的成绩也报以热烈掌声，两位同学也一下子沉浸在惊喜之中。当我询问他们想要什么奖励时，他们竟也选择了咖啡券。虽然当时我手里没有多余的咖啡券，但我当即向他们两个表示，奖品会很快补上……

晚饭后，我带着获得“大奖”的三位同学去喝了咖啡，还把我们一起喝咖啡的照片发到了班级群里。再后来，我让科代表统计了每一个同学希望得到的奖励。看着同学们想要的奖励五花八门，我明白了，对孩子的奖励要奖到孩子们的心坎上，这样才能发挥巨大的催化作用。

于是，在每周总结中，我给孩子们的奖品，都尽量按照他们的愿望清单来准备。到期中考试时，班级的数学成绩整体提高了许多，到期末考试的时候，班级成绩给了我一个大大的惊喜——他们的成绩已经在年级中领先了。我对孩子们的表现尤为满意，不仅满意他们学习成绩的提高，更在于他们学习的积极性和主动性有了很大的转变。我知道，除了孩子们的努力，惊喜更多归功于我们的“愿望清单”！

第 24 招

用好仪式也重要

浙江瑞安市新纪元实验学校芳庄校区·邢洪波

村上春树曾说：“仪式感是一件很重要的事情，它是对生活的重视，它让生活成为生活，而不是简单的生存。”仪式感，让平凡的日子拥有不平凡的意义。仪式感，让平淡的日子充满诗意。仪式感，让平常的日子变得更幸福。所谓仪式感是指个体的心理契合着仪式的象征意义而产生的情感体验。上好微班会也需要有仪式感。仪式感来自仪式，上微班会时，用好仪式也很重要。

仪式的运用应该饱含着班主任的教育智慧，它是班级管理工作的见证，也是学生成长留下的足迹。微班会虽然时间短，但难忘的仪式，可以让学生感悟人生，收获多多。

怎样在微班会上用好仪式，增强仪式感呢？

一、营造氛围，增强仪式感

学生仪式感的建立主要是在仪式的实施过程中体现的，合适的仪式环境、布置、音乐、服装等，都能增强仪式的效果，激发学生以真情实感积极参与活动，并从活动中形成一种仪式感。我曾在学期结束时召开过微班会《为他们喝彩》，在微班会开始前，我事先布置好了教室，在墙上挂满了彩色的气球，铺上了从学校借来的红色地毯，并把获奖学生的照片、取得的成绩、颁奖词等都制作成了精美的课件。伴着上课铃声我走进了教室，同学们都议论纷纷：“这是要干什么？”“为什么铺红毯呀？”当我宣布这是为了举办隆重的颁奖仪式时，教室里顿时鸦雀无声，大家都兴致勃勃地盯着我手里的奖状和金、银、铜牌，那眼睛都亮了！伴着欢快的音乐，我请获奖的同学一一上台，他们兴高采烈地走过“红毯”登上领奖台，双手捧着属于自己的奖状，胸前挂着奖牌，就像获得了奥运会冠军一样兴奋，我又为他们拍照留念，记录下他们的光辉时刻。同学们都为他们热烈鼓掌。10分钟的颁奖仪式，从获奖学生的神情里我看到了他们的自豪感、幸福感！再看其他同学，那羡慕的眼光已经满满地爆棚了！这样的仪式、这样的仪式感，相信他们会终生难忘。

二、积极投入，获得归属感

在上微班会时，可以从小事入手，小事也赋予它特定的仪式，让学生从不一般的仪式中感受到不一般的仪式感。使学生愿意参与其中，从而获得归属感。

本文链接的微班会《和坏习惯来一场告别仪式》中，金小正老师在组织“和坏习惯来一场告别仪式”时，对同学们做了必要的鼓励。她热情地鼓励每个学生，希望大家都全情投入。在老师的鼓励下，同学们个个都铆足了劲，把写有坏习惯的纸团狠狠地扔进垃圾桶。学生作为仪式活动的主角，每个人都积极参与其中，每个人都有表现的机会，每个人都可以把自己的想法说出来，大家一起行动，这样提高了学生活动的参与度。这样郑重其事的仪式，能激发学生和坏习惯告别的决心，加深他们的纠正印象，对他们以后的学习和生活都能产生深远的影响。

三、简便易行，注意可操性

在微班会《和坏习惯来一场告别仪式》上，金老师别出心裁的告别仪式，只用一张纸、一支笔和一个垃圾桶，就能唤起学生的热情，帮助学生改掉自己的坏习惯。微班会的时间短，特别适合简便易行的仪式。

不过简便易行的仪式也不能滥用。现在有些老师上微班会时喜欢用宣誓仪式，但有的誓词不切合学情，不能表达学生的心声。尤其是宣誓时组织不到位，学生读誓词时声音不响亮，说宣誓人、姓名等环节时声音此起彼伏，现场乱成一团，严重影响了仪式的庄重性，让这份仪式流于形式，难以产生真正的效果。

通过仪式培养学生的仪式感是非常重要的，因为它直接影响了学生的幸福感。我们在上微班会时要重视仪式，用好仪式，增强仪式感。让学生在富有仪式感的活动中学习成长。

·链接44·

和坏习惯来一场告别仪式

（行为习惯话题）

湖北宜昌市宝塔河小学·金小正

班会课的上课铃响了。

“最近我很头疼，你们的学习态度不太端正，作业字迹潦草，上课时死气沉沉。最让我头疼的是，课间总有人因为追赶打闹而受伤，老师每天都很累，怎么办？”我一脸愁容地问道。孩子们面有愧色，沉默地看着我。

“你们想改掉坏习惯吗？”我开门见山，直接进入主题。“想。”大概是觉得自己改掉坏习惯有点困难，所以大家的回应也是稀稀拉拉的，不是很积极。

“那么，我们来一场和坏习惯告别的仪式吧。”话音刚落，我看到刘俊杰捂着嘴偷偷地笑。还有几个男生也在窃笑。

“为什么笑呢？没想到会有这么一出？”我疑惑地问。嬉笑的同学马上收起笑容，正襟危坐。

“我要听真实的想法，为什么笑啊？”刘俊杰站起来说：“坏习惯改掉就是了，为什么要举行仪式呢？”

“我喜欢这个问题。其他同学也这么想吗？”绝大多数同学都点头附和。

“想一想，我们参加过什么仪式？”“升旗仪式。”同学们异口同声地回答。“还有结婚仪式。”有声音小声地传来。

“想想，升旗仪式时氛围如何？”

“很庄严。”刘俊杰说。“很严肃。”高琦说。“还很神圣。”小荷说。

“是的，仪式庄严、严肃又神圣，现在明白我们为什么要举行告别仪式了吗？”

“明白！”同学们欢喜地回答。

生活需要仪式感，我想，教育亦然。身为班主任的我没少强调同学们要改掉坏习惯，总是唠唠叨叨像个老太婆一样。这一次，我们尝试一个新鲜又正式的方法，让学生在自省、自勉中唤醒内心深处向善、向美的愿望。

“现在请你们拿出一张纸，将你们最希望在近期改掉而且比较容易改掉的一两个坏习惯写下来。”

我特别强调，要写下容易改掉的坏习惯。既然已经成了习惯，便不容易改掉，这需要极大的自控能力和自我约束能力，对于三年级的孩子来说有点难度。大刀阔斧可能会适得其反，或者收效甚微；循序渐进，从易处着手，也许更容易见效。我希望孩子们能够在一次次的克服困难中，积累战胜自我的成就感。

同学们迅速地拿出纸笔，埋头疾书。写完的同学开心地看着我。待所有人写完后，我说：“现在请大声地跟你的坏习惯说再见吧。”

“懒惰，走开！”

“上课不认真听讲，滚开。”

教室里顿时热闹起来。大家都在大声地和坏习惯说再见。

我拿起课前准备好的垃圾桶，示意大家安静下来：“现在请把坏习惯丢进垃圾桶。”

同学们轮流上来，个个都铆足了劲把写有坏习惯的纸团狠狠地扔进垃圾桶。

“再也不见！”“永远不再见！”……

我特别留意了林瑞，他拿着“坏习惯”，恶狠狠地丢进了垃圾桶，决绝地说：“永远不见！”

扔完纸团的同学如释重负般坐下，满脸喜悦，似乎坏习惯从此便远离自己。

“改掉坏习惯需要坚强的意志力和自我控制能力，这是一个漫长又痛苦的过程，但只要下定决心就一定能成功。所以我们要先从容易改掉的坏习惯入手，过段时间我们再来检查，哪些坏习惯已经改掉；哪方面有进步；哪方面没有变化还需加强。好吗？”

“好！”这一次，同学们的声音相当洪亮！

“每进步一点便给自己一点鼓励，坚持二十一天，你们就会彻底告别坏习惯。有没有信心？”

“有！”

下课后，我便把课上“告别坏习惯”的视频发到了班级群里，让家长了解班会主题，希望家校合力，帮助孩子们尽快改掉坏习惯。我感到十分高兴，因为我不仅得到了家长们的配合与支持，还收到了家长的告白：“爱要大声说出来，金老师，I love you！”

这一刻，我觉得自己是最幸福的班主任！

这场告别仪式，因为有浓浓的仪式感，所以同学们的参与度很高。虽然改掉坏习惯有难度，但人是行为的主人，改变的关键在于是否能真正下定决心。一旦下定决心，意向就能转为意志，激发力量并促成改变。

批改作文时，我惊喜地发现林瑞的作文字迹变得很工整，一改平日的潦草。作文底处是林瑞妈妈的评语：“希望你每次写作业的时候，都能像今天这样认真、高效。”

我想起上次班会课，他扔“坏习惯”的样子。课后我问他：“能不能告诉我，你扔掉的坏习惯是什么？”他眨巴眨巴眼睛说：“写作业拖拉和字迹潦草。”

这一刻，我真是无比满足。一种强烈的成就感涌上心头！

第 25 招

巧借失败促成长

四川汉源县富林镇第二小学 · 刘玲

俗话说“失败乃成功之母”，没有失败，哪来成功？班主任要巧妙地抓住学生“失败”的时机，进行积极向上的挫折教育。引导学生把“失败”的沮丧转化为前进的动力，勇敢地面对挫折，积极解决自己所遇到的困难，快速地成长。

众所周知，在通往成功的道路上，总要经历无数次失败。在小学阶段，随着年龄的增长，学习任务的增加，社交范围的扩大，小学生受到的挫折会越来越多。而现在许多孩子从小就被父母和长辈溺爱着，他们的抗挫能力比较差，所以我抓住机会对学生进行挫折教育，这对于学生的健康成长有着重要意义。而微班会具有“灵活、便捷”的特点，适合对学生进行及时的挫折教育。

那么怎样巧借失败促成长呢？

1.巧抓教育契机。挫折总是与孩子们的成长如影随形，班主任要善于观察和发现，敏锐地捕捉到有价值的教育契机。“失败”的事情在孩子们的身上可能每天都在发生，那么哪些“失败”具有教育的价值呢？一般来说，这些“失败”具有普遍性，能够引起班上大多数孩子的情感共鸣，具有一定的影响力。比如考试受挫，未达到自己的预期，班上同学学习情绪低落、斗志懈怠；胜券在握的年级足球赛，爆出冷门，错失“冠军”，全班同学都失声痛哭，班级士气急待提振。此类“失败”对班集体建设和孩子们的健康成长都有比较大的影响，所以需要班主任抓住教育契机及时召开微班会，进行有效的挫折教育。本文链接的微班会《错失“三连冠”之后》和《输与赢》中，都是在班上的孩子与冠军失之交臂，同学们黯然神伤时及时召开的。这是一个极具教育价值的契机，此时开展教育可谓是“及时雨”。

2.及时调整情绪。抓住有价值的教育契机后，召开微班会还要及时，一定要趁热打铁，趁孩子们对失败的感受最深时召开微班会，这样才能取得更好的效果。每个孩子都渴望成功，但当结果达不到自己的预期时，难免会伤心难过。班主任在微班会上要帮助他们平复沮丧和激动的情绪。要站在孩子的角度对他们的失败表示真诚的理解与同情，引导学生调整好情绪。在本文链接的微班会《输与赢》中，李静老师对孩子们输掉球赛后相互埋怨、拳脚相向的情形及时有效地进行了处理。只有安抚好孩子们的情绪，才能更好地引导他们正确对待失败。

3.探寻失败原因。在进行挫折教育的时候，老师一定要引导孩子积极勇敢地面对挫折，消除负面情绪，还要引导孩子分析、总结失败的原因，正确认识自己的不足。只有找到自己的不足，才能扬长避短，重新出发。在本文链接的微班会《错失“三连冠”之后》中，廖晓敏老师在微班会上选用了《中国女排》夺冠背后的故事，让那些刚刚错失“三连冠”的孩子们产生了强烈的情感共鸣，看到中国女排五连冠背后训练的艰辛与汗水、毅力与酸楚，他们才能更加深刻地认识到，任何成功都离不开刻苦的努力。恰到好处的教育事例能够起到一石激起千层浪的作用，打开孩子们自省的闸门。老师除了要帮助孩子们寻找失败的原因，同时也要时刻反省自己。想想看自己在引导孩子们实现目标时，所用的方法是否科学，督促是否到位，目标是否切合孩子们的自身实际。只有老师和学生的双向反省，才能更全面地寻找失败的原因，才能更科学、更合理地总结经验。

4.激发昂扬斗志。失败的挫败感更能激发人们的斗志，大多数人在经历失败后都会变得更加渴望成功。许多孩子都有不服输的精神，我们一定要抓住“失败的契机”，激发他们的斗志与潜能。在微班会上可以利用那些经过不懈努力、转败为胜的励志事例，激发孩子们与失败作斗争的勇气。引导孩子们通过努力把他们自身的不利因素转化为有利条件，发掘自己的潜能。把这次“失败”转化为下一次成功的开端，为以后的成功积蓄力量，让他们明白，成长就是在经历了无数次的失败后依然能越挫越勇。

班主任要巧妙地借助失败的教育契机，积极开展挫折教育，帮助孩子们健康成长！

·链接45·

错失“三连冠”之后

（面对挫折话题）

浙江武义新纪元双语学校·廖晓敏

运动会开始前，班上的同学们斗志昂扬，纷纷表示要再创辉煌，夺得三连冠。无论是同学们在比赛时高喊着的“勇夺三连冠”

口号，还是同学们在日记里频频写下的“加油，我们一定要取得三连冠”，这一切都让我感受到了他们对“三连冠”的渴望与执着。

然而在体育赛场，高手如林，赛况风起云涌、瞬息万变。再夺冠军，谈何容易？运动会结束后，我们班与冠军失之交臂，同学们脸上的失望之情一览无余。看着他们黯然神伤的样子，我觉得有必要开一次微班会了。

“同学们，这一次我们没有实现‘三连冠’的目标，老师很能理解你们的心情。”班会开始了，我有些伤感地说道，“三连冠？谁不想夺冠呢？但是冠军只有一个，要想取得胜利并不容易。你们听说过中国女排的故事吗？”

同学们点点头。我接着说：“我们中国女排曾经创造了五次蝉联世界冠军的历史，成为世界排球史上第一支连续五次夺冠的队伍！”

“哇！”同学们不禁发出了一声声惊叹。

“想知道她们是怎么做到的吗？那么现在让我们来看看老师剪辑的短片《中国女排》，一起走进女排夺冠背后的故事吧。”

短片讲述了女排姑娘们十年如一日的刻苦训练的故事，那被姑娘们的汗水侵蚀的地板，那颠球颠到肿痛的双手。同学们看得目不转睛，都被深深地感动了。

“同学们，看完这个视频，你们有什么感想？” 我问道。

小谢率先举手：“我前几天在电影院看过《夺冠》。现在再看这个视频，我的感触更深了。当时女排的训练条件很艰苦，但她们一直没有放弃，都在努力坚持训练，所以才能取得五连冠。”

小王补充说：“看到她们带着伤痛依旧在训练场上坚持训练，

奋勇拼搏，就令我感动！墙壁上落满了一个个深深浅浅的球印，这是她们努力的见证。”

听了同学们的交流，我很欣慰地说道：“是啊，当时中国女排既比不上先天条件优越的美国和古巴，也比不上技术先进的日本，但就是靠着不怕苦、不怕累的精神，她们拼搏出了一条夺冠之路。因为对她们来说，夺冠就是她们努力的目标。她们每日的苦练死磕，千百万次不断重复的训练，才能练出自己下意识的正确动作，才能铸就勇敢顽强的拼搏精神。”

说着，我又播放了几张女排运动员伤痛的照片：“通过这些瘀青和伤痕，就可以看出她们训练强度有多大，她们夺冠信念有多强。”

看到这里，小徐忍不住站起来说：“平时我不小心摔破了皮都感觉自己跑不动了。和她们比起来，我真是自惭形秽，中国女排太了不起了！”

我顺势问道：“同学们，看了中国女排五连冠的背后故事，再来看看这次的运动会，你们有什么想说的吗？”

小陶说：“这次运动会我们都想要赢得三连冠，但是作为运动员的我，却在国庆假期里没有加强训练，我很后悔。以后比赛的时候，我一定要认真对待，争取拿到好成绩。”

小朱说：“跑步项目我每天都在练习，但是这次对手实在太强了，我已经很努力地跑了，但还是跑不过。看了中国女排之后，我觉得自己一定要更加努力地去缩小差距，甚至超越对手。”

“是啊，每个人都想夺冠，大家都在努力。有时认真也只能保证自己不落后，要想赶超别人，那付出的何止是‘努力’二字可以涵盖的。老师想告诉大家，冠军很光荣，但有时努力了没有夺得冠军，也是光荣的。关键在于我们是否尽了自己最大的努力去做这件事。在短片里有教练与队员倾心交谈的镜头，还有教练与队员认真分析比赛的镜头。在这次比赛中，我们的赛前动员工作做得不够充分，赛前准备工作做得还不够细致，比赛中的改进也不够及时。老师会和你们一起反思，希望你们向中国女排学习，做事情不要为了完成任务而去完成任务，而是要认真地对待，努力把各项工作做细做实做好，这样我们才能感受到成功的喜悦。”

塞翁失马，焉知非福？我相信，经过这一次微班会，我们一定能够懂得夺冠背后的意义，以及我们要在自己的人生道路上全力以赴，赢得属于我们自己的奖杯。

·链接46·

输与赢

（面对挫折话题）

浙江瑞安市新纪元小学·李静

近一阶段，活力四射的校级篮球赛风靡全校。各班的代表队及热情洋溢的啦啦队，都处于疯狂的状态。

但我们班的男生与女生都不会打篮球，于是在同学们的推荐下，让所有打过篮球的同学都上场“为班争光”。然而由于缺乏球技与体力，这些“雄赳赳，气昂昂”上场的同学很快就被其他班级“秒杀”了。所以很多同学都唏嘘不已，有几个女生甚至已经泪流满面。

作为他们的班主任，在安抚和鼓励他们后，想着比赛总会有输赢，四年级的学生应该能接受这些了，这是青春的必修课，也是他们能够承受得起的，所以我就继续埋头备课、批改作业去了。

但上班会课前，我刚走进教室，就听见里面一片喧哗声——

“李老师来了，李老师来了。”“李老师来了，别说了。”

我顿生疑团，学生怎么这么喧哗。我走进教室，只见刚才还争得面红耳赤的同学，一看见我，就以迅雷不及掩耳之势回到了自己的座位上。我努力压制心中的怒火，问了班长才知道，原来是因为篮球比赛。大概是因为小高在比赛中没有投进一个球，在场上表现又不佳，被同学们唾弃，最后演变成互相谩骂，一怒之下，把拳头打在了骂自己的同学身上。

我决定借此机会，引导学生正确面对失败。我沉着脸：“篮球比赛已经结束，你们这样争吵可以让比赛重来吗？能改变结果吗？”学生个个低头不语。这时，班长站起来说：“李老师，上次你问我们谁会打篮球，小高抢着说他会打球。但其实他不会，因为我们在体育课上都没见他投进过球，可他偏偏要去参加篮球赛，这不是故意拖班级后腿吗？”

“他上场后就自己在赛场上乱跑，也没有帮小周拦住球……”“还把球传给其他班，更别说投篮了，就是因为他，我们班才输了。”“对，小高就是这样，总是什么都抢。”

班长这一带头，班里又炸开了锅，同学们越说越激动。

“同学们，小高没有经过系统训练，技巧自然不熟练，他意外地把球传给了对手，一是他技巧不是很好，二是对手抢球的技术比咱们班好，不能怪他，更不能埋怨他。”我示意学生平复自己的情绪。

“那他上场就要尽力，为什么他在旁边转，就是不去抢球……”

“那你们问过小高他为什么这样做了吗？你们不能这样妄下定论。”说着，我请小高上台，然后拍了拍他的肩膀，轻轻地对他说：“老师相信你。”

小高的眼里含着委屈的泪水，吞吞吐吐地说：“我经常在家和哥哥打篮球，你们都说自己没学过打篮球，但我想我打过篮球啊，我也想为班级争光，可是我就是抢不过他们，他们一下子就把球抢走了。我已经尽力去挡了，但总是有人在我前面拦着，我一拿球就被他们抢走了，我也努力了，在赛场上都摔倒了。”

小高说着又忍不住呜咽起来。

“现在还有什么疑问吗？”

学生们摇头，不语。

“同学们，你们以后会经历很多的比赛，不仅仅是篮球赛，只要是比赛，总会有输有赢，如果你们只能享受成功的喜悦，而不能忍受失败与挫折，那么你们也不能走得长远。所以，在老师的心里，结果不是重要的，过程才最重要。我们要学会反思，从失败中吸取教训，从失败中站起来，懂得包容与理解，懂得责任与担当，懂得比赛的意义。现在你们还要埋怨小高吗？”

在我的引导下，同学们和小高握手言和，微笑着拥抱在一起。

温暖的班集体是由爱和宽容凝聚起来的。我非常理解学生的想法，虽然篮球比赛进不了前三名，但输了也没什么大不了的，我们要学会面对失败，学会反思。在成长的过程中面对失败与挫折，成功与荣耀，都要学会以平常心去对待，因为输的是结果，赢的是气度。

第 26 招

偶发事件要重视

四川大学西航港实验小学 · 何晓敏

校园中的偶发事件是指事先难以预料、偶然发生但必须迅速作出处理的事件。如果不重视偶发事件，不认真探究解决偶发事件的有效方法和内在规律，仅凭个人感觉或经验处理，往往会错失教育的良机，甚至导致矛盾升级，影响班级的管理。反之重视且巧妙地处理偶发事件，不仅可以抓住教育契机，及时开展教育活动，消除事件的不良影响，还可以调节班级气氛，建立积极向上的师生关系。

因此，班主任平时要注意学习处理偶发事件的方法，对偶发事件要高度重视，积极应对，并适时召开微班会，将偶发事件妥善处理好。

一、关注生活，与时俱进

在高速发展的信息时代，学生获取信息的渠道层出不穷，不再局限于传统的课堂，同时，每个学生又是不同的个体，处理信息的方式也不尽相同。所以，班主任应加强学习，既要有专业知识，又要有多元化的学习途径，以便练就一双鹰眼，敏锐地发现问题。

班主任应关注生活，与时俱进，需要经常翻阅各类书刊，研究德育方面的新鲜案例，触类旁通，举一反三；需要经常浏览各类网站，了解当前流行的网络文化，思考蕴含的教育价值；需要经常交流教育心得，开阔视野，掌握新知，寻找有效的沟通途径。如本文链接的微班会《“黑人抬棺”的思考》中，当学生想在教室里表演“黑人抬棺”的舞蹈时，班主任李老师立刻想起了这是B站上的热门舞蹈，这是一种很特别的舞蹈，因为对此有所了解，所以在面对这一突发事件时，她能够不慌不忙，请孩子们准备舞蹈表演，给孩子们讲述了舞蹈背后的故事，并结合疫情下的“火爆”进行了讨论，开展了巧妙而及时的生命教育，让学生感受到生命的价值和意义。

二、沉着冷静，积极应对

虽然偶发事件不常发生，但是会引发各种矛盾，影响班级的正常秩序。一旦发生，班主任必须迅速、理智地做出反应，切不可手忙脚乱、草率处理。

当遇到偶发事件时，班主任应当沉着冷静，借助已有的经验和知识积极应对。如果事件已经造成了不良后果或可预见后果，班主任应该及时采取“止损”措施，将不良后果控制到最低限度。如发生安全事故，要协助学生处理伤情（严重的要送医务室或送医院），以安抚学生情绪。待学生的情绪稳定后，再寻找恰当的时机召开微班会。本文链接的微班会《磕掉了门牙》中，班主任李老师听说孩子磕掉门牙时，立刻赶往医务室，及时了解、帮助处理孩子的伤情，安抚孩子的情绪。等孩子平静下来，了解了事情的经过后立刻召开了微班会。李老师直切话题，先用视频还原了当时的情况，交流了事故原因，然后出示了校园图片，分析了这些地方的安全隐患，组建了一支安全护卫队，化“危”为“机”，教育效果自然是“水到渠成”。

三、追根溯源，因势利导

偶发事件看似偶然，实则有其必然性，有其内在因素。班主任要认真思考，积极应对，带领学生追根溯源，厘清事件的缘由，深究事件的本质；不是急于惩罚学生以儆效尤，而是借助偶发事件，因势利导，找好教育的生长点，化被动为主动，发挥建设性作用。如本文链接的微班会《碎玻璃与手》中，班主任谭老师在弄清事情的原委后，利用微班会带领学生追根溯源，从垃圾桶里的碎玻璃，到如何扔垃圾，顺势而为，强调垃圾要分类，进一步细化扔玻璃的注意事项，抓住时机加强垃圾分类与处理的教育以及安全教育，把偶发事件变成教育的有效契机。

四、师生共议，及时解难

偶发事件由于具有突发性、偶发性，常常让班主任头疼。工作中班主任难免“百密一疏”，如何在偶发事件发生后，及时解决问题呢？

我们可以借助微班会抛出问题，问计于学生，和学生共同商讨解决办法。毕竟“一个脑袋思考不如多个脑袋思考，一个角度思考不如多个角度思考”，再者，事件发生在学生身边，与他们息息相关，学生能够提供更多的有效建议。如本文链接的微班会《把掉下的链子装上去》中，面对“重要表演角色生病”的难题，班主任方老师向同学们解释了原因，在这个过程中，班主任不仅教育学生应当理解、关心他人，而且问计于学生，如何解决当务之急。正当大家一筹莫展时，小韩同学主动请缨，积极应对，并用自己的勇气和本领打消了大家的疑虑，及时解决了难题，使节目得以如期举行。

偶发事件虽然不经常发生，但是它是教育的有效契机，作为班主任一定要重视，在实践中不断积累经验，总结有效方法，引领学生成长。

·链接47·

“黑人抬棺”的思考

（生命教育话题）

四川成都市双流区实验小学·李　琴

战“疫”复课后不久的一天，天气已经十分炎热了。

一走进教室，我就看到小何身着西装，打着领结，脚上穿着一双黑色的皮鞋，与班上一群身着短袖T恤的男孩形成强烈反差。我笑着问他：“怎么？今天这么正式，是要出席什么重要场合吗？”他腼腆地笑笑，没有回答。

有男孩悄悄地告诉我，小何想给大家表演“黑人抬棺”。最近，“黑人抬棺”的视频在B站上广为流传，这个经常不按常理出牌的小何居然想表演“黑人抬棺”！不过，既然孩子们对这个有兴趣，那在这个特殊时期，我何不以此为契机，为孩子们上一节关于生命教育的微班会呢？

一切准备就绪后，我首先请小何和其他同学为大家表演“黑人抬棺”，再配上魔幻的电音，他们的舞步就开始了。教室里的孩子看着他们抬着小黑板（棺材）扭动着鼓掌跺脚，几个男孩都是学校男子舞蹈队的队员，他们一本正经地跳着，惹得同学们哈哈大笑。

表演完毕，我问大家：“你们知道这个舞蹈的来历吗？”

孩子们都摇摇头。他们只当这是一种搞笑的动作，并没有了解过它背后的故事，也没有思考过其中的深意。

于是，我从舞蹈背后的故事讲起：这舞蹈来自非洲国家加纳。加纳人认为葬礼是人生新的开始，死亡是人生命中的一部分，逝者在另一个世界会见到自己的祖先，生命又会以另一种形式开始。专业的抬棺者会被雇用来举行这样的葬礼，他们穿着时髦，舞步轻快，变化多样，整个葬礼气氛不像是我们过去所了解的葬礼，而是像节日一样欢快，这是当地的风俗，人们希望通过粗野的舞步来安慰失去亲人的人，安慰他们不要过度悲伤。

“为什么这样一个视频会在2020年新冠肺炎病毒肆虐的时候火遍全球呢？”我继续追问。

“新冠肺炎疫情不断升级，死亡人数不断攀升，大家的心理压力也在不断增大，加纳人面对死亡的态度引发了人们的思考。”缘缘同学说。

“那么，你们又是怎样看待生命与死亡的呢？”我又问道。

“死亡对于每一个人来说，都是不可避免的。但是，因为有死亡，我们才懂得生命的可贵，生命只有一次，我们要过好每一天。”晨曦说。

垚垚接着说：“生命的长度也许是固定的，但是，我们可以拓展生命的宽度，让每一天都过得很精彩，那样，即使死亡的那一天突然来临，我们也不会留下遗憾。”

“《天蓝色的彼岸》这本书告诉我们死亡意味着和这个世界说再见，和我们所爱的人和事说再见，所以我们要在活着的时候和他们好好相处，珍惜每一天。”小侯联系四年级共读的书补充说。

“我也想到了《寻梦环游记》中关于死亡的看法：死亡并不是生命的终点，遗忘才是。我的奶奶虽然离我而去了，但是她还一直活在我的心中。”小刘受到了启发，联系电影谈了自己的看法。

“大家对生命和死亡有了新的思考，说要拓展生命的宽度，要过好每一天，珍惜每一天。那落实到行动上，又该怎么做呢？”我启发地问道。

“这次疫情，我们看到了医务人员的医者仁心，也看到了各行各业都通过自己的努力，为抗击疫情贡献了自己的一份力。我们应该好好学习，才能像钟南山、李兰娟那样为国家做出更大的贡献。”

“我觉得战胜疫情，需要知识的力量、科技的力量，以前，我觉得读书是为了找份好工作，现在，我觉得读书可以改变世界，我学习的动力更足了。”

“我最近常和爸爸妈妈闹别扭，有时说话挺伤人的，我打算从今天开始，和他们说话时不再用反问句，尽量用平和的语气和他们沟通，珍惜和家人在一起的幸福时光。”

“我看到了奋战一线的医务人员夜以继日地工作。过去我常常觉得学习一会儿就很辛苦，其实，我们能够在家中、在学校安心地学习，都离不开太多太多的人为我们负重前行，我要努力学习，不能辜负他们的付出。”

“是啊，生死从来都不由人选，但对待生死的态度是可以选择的。无论我们选择用欢笑还是泪水和逝者告别，无论我们举行葬礼是为了给逝者体面，还是为了给生者慰藉，葬礼的核心本质，其实都是对生命的反思：光阴有限、人生无常，自己也终有离开的那一天。所以我们要更加珍惜自己的人生，珍惜生命里出现的亲人、朋友。”我最后作了总结。

通过这次微班会，同学们认识到，只有尊重生命、热爱生命、才能更好地实现生命的价值、体现人生的意义。“黑人抬棺”引发了我们对生命的思考、对生命的珍惜。

·链接48·

磕掉了门牙

（安全教育话题）

浙江金华丰子恺学校·李文娟

这天，我正在班里准备社团课的内容，一群孩子呼喊着向我奔过来，慌张地说：“李老师，满满摔跤了，流了很多血！”“李老师，满满的牙飞出去了！”“李老师我看见他的衣服上全是血，很多很多！”

我的脑子“嗡”地一下大了，心提到了嗓子眼儿——最让人担心的安全问题还是发生了。我急匆匆地安顿好其他孩子，然后飞奔到医务室。

满满啜泣着坐在医生旁边，嘴唇红肿，嘴里塞着止血棉花，衣领上、袖子上全是血渍。孩子看到我，眼睛更红了，眼泪直往下淌，满是委屈地望着我。

我走上前抱着他说："满满不怕，血已经止住了，疼痛也会一点一点消失的。有老师在，别怕别怕。"我边说边拍他的背。感受到他的情绪稳定了一些，我向他了解了事情的经过。

"满满，李老师想知道事情是怎么发生的，你点头或者摇头回答我可以吗？"孩子点点头。一番询问加点头、摇头的回答后，可以判断是他自己摔了。所幸孩子的门牙还是乳牙。

从医务室回来后，我牵着孩子走进了班级教室。兴趣课继续上着，但是我的心情却久久不能平静，为了提高孩子们的校园安全意识，我利用晚自习的时间，给孩子们再上了一节班会课。

"同学们，大家都知道了，今天满满在课间玩耍的时候磕掉了牙齿，流了很多血。他告诉我他真的很疼。"我直奔话题，"那同学们你们知道满满是怎么摔倒的吗？我们一起来看看这个视频。"

视频里，三个孩子追逐着玩抓人游戏，满满冲在最前面，另外两个孩子在后面追。满满笑着回头看了看身后的人，结果再一回头，就直接撞在了盆景架上，一头栽倒在地……

视频一播完，孩子们就争先恐后举手了："满满跑得太快了。""他跑的时候还回头去看别人。""他撞到了盆景架子上。"

"大家都观察得很仔细。满满只顾着玩没有注意到身边的危险，所以才受伤了。"我分析道，"同学们，我们的校园很漂亮，有各种各样的盆景，有奇形怪状的假山，有高高低低的花坛，有五颜六色的书亭。这些都是大家喜欢玩的地方。那你们知道这些地方可能藏着哪些危险吗？李老师把它们都打印出来了，请你们先仔细地回忆回忆，你们在玩耍的时候有没有遇到过让你们吓一跳的事情，有没有看到过别人差点儿发生危险的情况，也可以想想看在这些地方玩我们要注意什么。你们自己先思考，再和别人交流交流。”

面对自己喜欢的话题，孩子们讨论得很激烈，大家争先恐后地发言。“我上次在花坛边上玩时，一群人冲过来把我撞倒了，我差点从花坛边上摔下来。我觉得跑步很危险，会把别人撞倒。”“我有一次在书亭里看书，结果有人把我关在里面了，我很讨厌他们这么做。”“我们班有很多同学喜欢玩抓人游戏，跑来跑去，都跑得非常快，我觉得这样太危险了，万一像满满一样摔下去，可怎么办！”“我看到过有同学在出操的时候从教室门口的台阶上跳下去，然后好长时间都站不起来。”

“同学们很善于观察和反思。我们不能在走廊、班级、小广场上追逐打闹，不能爬到假山上玩，上下楼梯时更不能你追我赶。生命是美好的，也是宝贵的，而拥有这一切的前提是安全。同学们能发现一些不安全的行为，相信你们也一定能更好地保护自己。老师希望同学们在学校里的每一天都是健康的，快乐的。”我笑着问，“那么有没有同学愿意做班级安全小卫士呢？负责提醒同学不去危险的地方玩，不再跑来跑去哦。”

孩子们报名很踊跃，行动也很积极。我采取了安全小卫士轮流站岗制度。安全小卫士，让每一个孩子的身上都多了一份责任，让孩子更好地监督他人与自我监督。他们再也没有在小广场和教室里快速地跑来跑去了，也没有玩抓人的游戏了。

·链接49·

碎玻璃与手

（安全教育话题）

四川成都市天回第二实验小学校·谭风萍

“谭老师，袁孟江的手被玻璃划出血了！我喊他过来他也不来，他用卫生纸把手包着呢。”安全委员苏志恒在课间风风火火地跑进了我的办公室，大声地对我说。

孩子们很少磕碰出血！我赶紧来到教室了解情况，只见袁孟江神色紧张地坐在座位上，还把手藏在抽屉里。我让他把手拿出来，看看受伤情况，可是他胆怯地坐在那里没有动。

“快让我看看！”我焦急地说了两次，袁孟江才怯生生地伸出了手。

血已经止住了。但紧紧包着的卫生纸缠住一个手指，一时难以拆开，无法看清具体的伤势，我估计伤得不是很严重，再加上还有课，便赶紧通知袁孟江的家长来学校接孩子去医院就诊。

这时，苏志恒给我说了袁孟江受伤的情况，原来是袁孟江去垃圾桶里捡碎玻璃的时候被划伤的。

他怎么会去垃圾桶里捡碎玻璃？碎玻璃从何而来？原来倪心刚不小心摔坏了自己喝水的玻璃杯，然后随手将碎片扔进了垃圾桶。而袁孟江看到垃圾桶里有个好看的玻璃杯盖子，就想把它捡起来看看，却不想，被玻璃杯盖下的碎玻璃划伤了。

正说着，袁爸爸赶来了，我叮嘱他先送孩子去医院就诊。袁爸爸二话没说，带着孩子就赶往医院。

大概过了一节课的时间，袁爸爸送孩子回来上课。这时，我发现他手上还拿着一袋药。原来袁孟江的手被碎玻璃划得有点深，都看到骨头了，缝了三针，医生还特意配了消炎药。

我一听，都有点蒙了，捡玻璃有这么严重的后果？我想我和孩子们都该好好补上这一课。

稍作准备后，我的即时班会课就开始了。

“今天袁孟江的手被划伤了，老师很心痛。原因是什么呢？原来是袁孟江到垃圾桶里捡好看的玻璃杯盖子，结果被碎玻璃划伤了手。”我先简单地介绍了事情的经过。

“那么，碎玻璃是从哪里来的呢？”我想，追根溯源，要是倪心刚不把碎玻璃杯扔进垃圾桶里，那么后面的一切都不会发生了。于是我让小倪同学站起来，让他认识到乱扔碎玻璃杯的危险性，可是小倪同学却委屈地哭了，还气鼓鼓地说：“我不小心打破了自己的玻璃杯，也及时把碎了的杯子扔进垃圾桶里，我做错什么了？”

同学们七嘴八舌地议论开了。我赶紧告诉孩子们，玻璃这类东西不能乱扔。今天袁孟江可是用血的代价给我们上了一课。今天就算袁孟江不捡碎玻璃杯，也会有清洁工阿姨来处理。如果她们不小心，也会被划伤。为了防止碎玻璃给他人带来二次伤害，我们扔玻璃时应该怎样做呢？那就是垃圾要分类。现在许多地方的垃圾桶已分为绿色、蓝色、灰色、红色四类，我们学校也将垃圾桶分类了。那么我们应该把玻璃放进什么颜色的垃圾桶里呢？放到蓝色垃圾桶里。蓝色垃圾桶是专收玻璃类垃圾的，玻璃类垃圾主要有各种玻璃瓶、碎玻璃片、镜子、灯泡、暖瓶等。

“今天这件事老师有责任。我们教室还没有进行垃圾分类。”我主动承揽了责任，“如果班级还没有准备好垃圾分类，那我们应该怎么处理这件事呢？”

同学们显得有点茫然。

“同学们，老师来教你们，如果遇到尖锐的碎玻璃，我们应该先用塑料袋、餐巾纸等把碎玻璃包裹起来，再轻轻地扔进垃圾桶里。如果包得比较大，可以在包裹物外面写上‘内有玻璃，小心扎手’。但是最好把它扔到蓝色的垃圾桶里。这件事老师之前没有跟你们讲清楚，不怪你们。小倪，你看该怎么补救呢？”我说着把讲台上的餐巾纸递给了倪心刚，倪心刚心领神会地接过餐巾纸走向了卫生角，小心翼翼地用纸把碎玻璃包了起来。

“小倪做得很好！”我表扬了小倪，继续说道，“但如果要追究责任，首先是老师教育不到位，其次是扔的人也没有做好分类和特殊处理，最后袁孟江也不应该对垃圾桶里的东西太过好奇，更不应该去捡。”

孩子们静静地听着。

“幸好袁爸爸及时赶来协助我处理这件事，将袁孟江送去医院包扎，这才避免了伤口的恶化与感染。但这次血的教训我们必须要记住，安全隐患一定要排除。同学们，你们说怎样才能做得更好呢？”我又问道。

“不乱扔玻璃。”

“不乱翻垃圾桶！”

“扔玻璃时一定要先包好。”

“扔玻璃要扔到蓝色的垃圾桶里。”

孩子们七嘴八舌地说着。

听着孩子们的话语，我的心久久不能平静。教育是一门遗憾的艺术，有时我们无法避免偶发事件的发生，但一旦发生了，亡羊一定要补牢。

就碎玻璃划伤手这件事来说，我们要做的事情还有许多，比如通过网络微课堂，加强与家长的协同教育，老师也要学会急救知识，加强垃圾分类处理的教育和安全教育，等等。

这次的教训太深刻了。

·链接50·

把掉下的链子装上去

（团队任务话题）

上海新纪元金华丰子恺学校·方晨敏

五月的天气已经慢慢变暖，蝉鸣声也越发响亮，让人有些烦躁不安。

明天就是孩子们的节日了，每个孩子都期盼着明天的到来。操场上，工人们搭起了舞台，铺上了红毯，装上了音响，还摆上了鲜花。文艺会演即将举行，所有的准备工作都在紧锣密鼓地进行着。

窗外晴空朗朗，我却愁容满面。因为我刚接到小邱妈妈的电话："方老师，明天小邱得请一天假，他发烧了，现在连爬起来的力气都没有，他还哭着说要参加明天的演出活动，可现在这个情况……"

“小邱妈妈，您别担心，先让小邱在家养病吧，明天的事情我来安排，你让小邱也别担心。”我急忙安抚小邱妈妈。

我了解小邱这孩子，为了这个角色他付出了很多，因为生病没法表演想必他比任何人都着急。但是明天就要上台表演了，这怎么办呢？我想先跟孩子们沟通一下，或许他们能想出办法来。

“小邱因为突然发烧，没办法参加明天的文艺会演了。”我努力调整情绪，在班里把小邱的情况作了简单的说明。

教室里陷入了沉默，大家有点不知所措。小邱的角色很重要，他要表演的是八仙中的铁拐李，班里也只有他一人身形恰当，这角色还让小邱颇为自豪了一阵，可没想到……

我看出了孩子们的担心，刚想说几句鼓舞士气，却被突如其来的一句话打断了——

“关键时刻掉链子！”大家纷纷附和着。

我愣住了，这群十岁的孩子已经懂得了什么是“团结”，什么是“整体”，什么是“缺一不可”，但却不知道什么叫“理解”，什么叫“面对”，什么叫“软性伤害”。

我示意大家停止议论，并在黑板上写下四个字——“当务之急”。

我问：“有同学知道这个成语的意思吗？”

有两三个孩子回答了，但未答到点子上。不明白这个成语的意思可以理解，因为语文书上还未出现过这四个字。

“所谓当务之急，就是现在急切需要完成的事。有谁知道我们的当务之急是什么吗？” 我说。“就是明天的表演！”许多同学大声地说。“是的，这确实是我们的当务之急。其实，生活中我们也会经常遇到这种‘关键时刻掉链子’的事，有时是自己掉链子，有时是别人掉链子，有时是老天掉链子。但追究谁掉链子有用吗？”我停顿了一下，看了看座位上一张张懵懂的脸说，“没用的！关键是要解决问题。”

孩子们似懂非懂地点点头。

我笑了笑，问道：“没有小邱，我们就寸步难行了吗？”

班里又是一阵沉默。突然，一个有点激动的声音响起：“老师，我，我可以代替小邱去表演！”这自告奋勇的、把手举得高高的人是小韩。我一阵欣喜，又有些担心：你……行吗？

我犹豫着，不知道该不该问，因为这孩子是出了名的捣蛋鬼，我怕他会帮倒忙。

“老师，我可以的。我和小邱是好朋友，小邱排练时我觉得他演得特别好，就学着他表演，小邱说我演得还不错。”

“可以。”班里立刻沸腾起来，又是一阵阵应和声，此起彼伏。

“看来我们已经能解决当务之急了。”我高兴地说，“今天能解决当务之急，我们要好好感谢小韩，是他，关键时候挺身而出。掉链子的情况时有发生，能把掉下的链子装回去，不仅需要我们的勇气，也需要我们的本领。”

孩子们若有所思地点点头。

我趁热打铁，问道：“大家有发烧过吗？”

孩子们感到很惊讶，因为我的话题转变得太快了，但随后还是争先恐后地回答：“发烧特别难受，我会觉得自己很冷。”“我也发烧过，特别难受，感觉骨头都在疼。”“我发烧的时候还吐了呢，什么都吃不下。”

我说：“是啊，发烧太难受了，小邱他也难受地吐了，一点力气也没有，听小邱妈妈说，小邱因为自己发烧没办法参加这次表演，急得都哭了。”

我扫视一圈后，发现孩子们又一次陷入了沉默，刚才说“掉链子”的那个孩子也是如此，我知道，这会儿孩子们真的知道了什么叫“理解”了。

“不过幸好小韩帮小邱解决了这件事。人在着急的时候，病更不容易好，我觉得应该把这个好消息告诉小邱，让他在家安心养病。谁愿意接受这个任务？”我问道。

“老师，我！我！”所有的孩子都举起了手。我请那个抱怨“掉链子”的同学来担当这项任务。今天放学后，小邱家会迎来这位小客人。

“人生就像骑自行车，掉链子的情况时有发生，我们要理解掉链子的原因，把掉下的链子装回去，这样，我们才能走得更远，才能看到更多更美的风景！”我叮嘱道。

在这次的六一文艺会演中，我们表现得并不完美，但是这场并不完美的演出却让我们印象深刻。

第 27 招

常规教育反复抓

陕西西咸新区沣西新城第四学校 · 张海宁

学生日常行为规范教育（以下简称常规教育）是学校德育工作的重要内容，也是保证学生健康成长的重要环节。常规教育是一项长期的工作，常规教育要天天抓、重点抓、反复抓/抓反复。班主任需要灵活地选择教育方式，晓之以理，动之以情，规范学生的日常行为，提高学生遵守日常行为规范的自觉性。

反复抓，抓反复，是把常规教育落实到每一天。“天天都是常规教育日，事事渗透常规教育”，坚持反复抓不良行为，优化教育方法，培养学生良好习惯。微班会因其简短、便捷、灵活的特点，成为常规教育反复抓的重要抓手和有效形式。

首先，常规教育反复抓要细心纠偏。不管遇到什么事情都不要着急，要细心地观察和了解学生的活动，如本文链接的微班会《一次特别的体验》中，郑会老师发现，有些学生总是难以养成课前准备的习惯，经过谋划后，她出其不意地要求同学们进行“口算”练习，不能等待，要快速读题，这让同学们意识到没有做好课前准备会带来许多连锁反应。这种及时、快速的常规教育微班会非常有效。

其次，常规教育反复抓要持之以恒。常规教育并不是一蹴而就的，其中难免会出现一些反复。班主任要持之以恒地规范小学生的各种行为。在本文链接的微班会《怎么这么多作业》中，少数同学写作业拖拖拉拉，无法按时完成作业。朱君悦老师积极寻找对策，开展专题教育，让同学们懂得应该制订计划表，有条不紊地抓紧时间完成各项作业。

再次，常规教育反复抓要达成共识。常规教育要有实效，必须充分发挥学生的聪明才智，鼓励学生积极思考，达成共识，解决问题。如在本文链接的微班会《回收“碎时”有高招》中，王茜老师引导学生算一笔时间账，讨论如何用好零碎时间。在老师的主持下，全班同学你一言、我一语地献计献策，提出“高招”。这些来自学生的建议，非常接地气，很容易让大家达成共识，也便于大家共同执行。

最后，常规教育反复抓要有创新。在常规教育反复抓的过程中，难免因“反复”而觉得“单调”。这时有所变化、有所创新也很重要。创新时，甚至可以“反其道而行之”。如本文链接的微班会《消失的“纸团君”》中，面对“孩子们依然故我”乱扔纸团的坏习惯，赵皎老师决定采取“反常规”的方式，让孩子们在一个“糟糕”的环境中度过一个上午，通过强烈的对比、亲身体验，再通过后来的集体行动，让同学们认识到保持整洁的重要性。

叶圣陶曾经说过：“教育就是培养习惯。”班主任要潜心耕耘，认真抓好常规教育，持之以恒，培养学生良好的习惯，提高学生的综合素养。

·链接51·

一次特别的体验

（课前准备话题）

山东威海市福泰小学·郑　会

“请同学们把这两道题做在练习本上……”

话音未落，教室里就响起了“哗哗哗”的声音——同学们翻书包找本子的声音。我不禁眉头一皱，正要发火的时候，心头一紧，及时“刹住了车”。说千遍万遍管用吗？我在开学初就一遍遍地提醒同学们要注意这个问题。然而到现在，这个问题依然存在，不仅如此，同学们对我平时布置的预习任务无动于衷。现在看来，我之前的叮嘱都被他们当成了耳边风。既然我说什么都不管用，那我就好好地“整整”你们。

第二天一上课，我就立马发出指令：口算！

口算，是我们自开学以来就养成的习惯：在每节课的前5分钟进行口算。最近由于课程的安排没有持续，部分同学已经开始懈怠了。只见有的孩子从容不迫地打开了书桌上的口算本；有的同学却把头埋进乱糟糟的桌洞里“搜索”，嘴里不停地嘟哝着“老师，等一下”“老师，先别开始”“老师……”。

但我依然视而不见、听而不闻，一题一题地往下念。等我念了七八道题的时候，有的孩子才找出口算本，不停地看同桌写的题目，看一眼，写一道。眼睛一瞥，脑袋一低，手写的速度，哪里跟得上我读的速度。个别孩子知道跟不上，干脆就把口算本一撂，满脸气愤地坐在座位上……

“好了，同学们，今天我们就写到这儿。”孩子们愕然地看着我，我波澜不惊地说，“今天这节课我们先不讲数学，就针对刚刚的‘口算’聊聊天。”

“老师，你读得太快了，我们都跟不上。”快言快语的小孟抢先发言。

“老师念得一点都不快，还是和往常一样的速度。是你们自己没有准备好口算本，还怪老师没等你们。”我还没来得及解释，班长心一同学就忍不住说道。班长这么一反驳，教室里顿时鸦雀无声，看来大家都在等着我发言呢。

“这节课我们先来聊聊天。来，每个孩子都发表一下自己的看法。东东同学，你先说说看。”之所以第一个叫他发言，是因为刚才提到的“把口算本一撂，满脸气愤地坐在座位上”的同学就是他，他应该说一下。

“老师，刚才你念口算题的时候，我还挺生气的，因为你都不等我们把口算本拿出来就开始往下念，我们怎么跟得上你的速度。不过听班长这么一说，我才意识到，原来是自己的问题，我应该提前做好课前准备工作。以前你一再提醒我们，我们却置之不理。今天，我终于体会到了课前准备的必要性。当时，我看到孙梓文也忙得晕头转向，孙梓文，你说说你当时的感受。”哟，他自己还当起了小老师。

只见小孙同学慢悠悠地站了起来。他在课下活蹦乱跳的，动作比猴子还敏捷；在课上却磨磨叽叽的，屁股都舍不得离开凳子。“我想主要还是我们自己的原因，如果我们在课前就做好了准备工作，也不至于这么麻烦了。”

“嗯。”看见一些孩子点点头，我知道他们已经“懂”了。

“好了，孩子们。看着大家的表现，我相信每个同学，尤其是刚才没有做好课前准备工作的同学，感悟一定很深刻。那‘做好课前准备’除了指准备好上课用的书本之外，还有哪些是要提前准备的吗？如果有同学总是不自觉的话，我们应该怎么帮助他们呢？”

我和孩子们讨论了“课前准备工作”，包括：课前的物质准备——书本等学习用具的准备；课前的知识准备——必要的预习；课前的心理准备——愉悦的心理调适；课前的身体准备——上好洗手间、不剧烈运动等。师生有约：老师与同学们互相监督，看有没有做好课前准备，如果有同学做得不好，就扣除日常管理分；对我的监督主要是“候课”，如果没有提前候课，我就在课下罚站一分钟。

“孩子们，从现在开始，我们互相监督，做好课前准备工作。”

·链接52·

怎么这么多作业

（完成作业话题）

上海市嘉定区苏民学校·朱君悦

一天中午，我走进教室收语文作业，发现有几个学生到了规定时间还是手忙脚乱的，桌面上散落着一堆书本和练习册，凌乱不堪，不仅语文作业未完成，而且其他作业也没动，看着他们沮丧的面容、无助的神情，我想，是时候再开一次关于合理安排时间的微班会了。

下午的微班会上，我把组长收作业的视频投影了出来，视频里，组长收完语文作业，发现小明的语文作业还没写完，收数学作业的时候，他还是没写完，他就赶紧把数学作业本拿出来放在语文作业本上，这才开始写，可没写几个字，英语组长也来收英语作业了，最后他无奈地说道："怎么有这么多作业呀！他们怎么都写好了，都开始玩了啊！"说完他就难受地趴在了桌子上。

"哈哈哈！"看着视频中小明的喃喃自语，同学们都忍不住大笑了起来。看见大家笑得前仰后合，我趁机问道："你们觉得作业多吗？"

"不多不多，一点都不多。"大部分同学立马大声回答，还顺便摆了摆手。"当然不多，午饭前都写好了。"小黄、小汪得意地大声说道。"有一点点多，但是也能写好。"小孙和小王笑眯眯地说。"我觉得作业很多。"不知道是谁小声说道。

同学们七嘴八舌地议论着。

"小明觉得作业很多，这是为什么呢？"我提出了疑问。

小钟的手举得最高："老师，我觉得小明没有认真写作业，他没写几个字就开始玩橡皮、尺子了。" "是啊，我看到他写着写着还发呆了。"坐在小明旁边的小黄补充道。

"我早就写完了，可是我看到他写的时候一会喝水，一会上厕所的，还跟别人说话。"坐在他斜后方的萱萱接着说道。"老师，他写的时候还要转过来跟我说话，还问我有什么好吃的，我没搭理他。”坐在旁边的晨晨认真地说。

“可是一个中午——将近一个小时的时间，他都没有写完作业，同学们，这些作业需要写这么久吗？”我问道。

“不需要！”同学们异口同声地说道。

“但是为什么小明却觉得作业很多呢？”我追问道。

此时，小明已经开始脸红了，头也慢慢低了下去。

“老师，我觉得小明写作业不认真，没有好好珍惜时间。”班长小程说道，“如果他聚精会神地写作业，不去做一些与写作业无关的事情，肯定能写完。”

“说得有道理。写的时候认真写，玩的时候痛快玩，该写作业的时候一定要全神贯注地去写作业。” 我看着班长，顺势问道，“那小明该怎么做才能按时把作业交上来呢？”

“我看他一会写语文，一会写数学，哪个组长来收作业他就先写哪一门，我觉得他应该先专心写好一门作业。”班长回答道。

小童也积极举手发言：“老师，我觉得小程说得很对，他可以按照作业的先后顺序，一门一门有序地完成，这样也不至于收作业的时候手忙脚乱。”

“是呀！”我赞许地说，“当作业种类很多时，我们可以做个计划，把要先完成的任务完成，假如第一节是语文课，第二节是数学课，第一节课的作业可以先完成，然后按照顺序依次完成各项作业，这样就不会手忙脚乱了。”

“老师，我就是这样写作业的。”乐乐迫不及待地说。

“老师，我也是！”同学们兴奋地说道。

望着小明满脸通红的样子，我轻声地说：“小明，你现在知道为什么会有这么多作业了吗？”

小明不好意思地点点头。

“那你说说看以后该怎么做？”

“我以后一定要先做好计划，把作业一项一项地完成，并且要认真写作业，不能开小差。”小明说道。

我向他竖起了大拇指，说道：“看来小明已经知道问题出在哪里了，我相信他下次交作业一定能按时交上来，对吗？”

“对，我肯定能按时交作业，不再拖拖拉拉了。”小明大声回答道。

“我也会和老师们一起努力，把作业布置好。当然，更重要的是我们师生一起努力！我也会持续关注这件事的。”

教室里响起了热烈的掌声。

“老师也希望其他不能按时完成作业的同学，能够改掉自己的坏习惯。从明天起，老师希望准时收到所有小朋友的作业，你们能不能做到？”我大声说道。

“能！”全班同学坚定而自信地回答着，我也被深深地感动了。

·链接53·

回收"碎时"有高招

（珍惜时间话题）

重庆中山外国语学校·王　茜

期中考试后，我们班上有好几个孩子的成绩比二年级下降了不少，这让我心急如焚。究竟怎样才能帮助学生巩固知识，进入主动学习的状态呢？我开始思考这个问题，直到星期天晚上，当我看到孩子们闹哄哄地排队打饭时，我突然心生一计。

在晚上的班会课上，我先请孩子们算一算账："同学们，我们已经学习了小时与分钟，现在老师想请大家算一笔账。咱们每天上午几节课？一节课多少分钟？总共多少分钟？"

"4节课，每节课40分钟，总共160分钟。"他们回答得很快。

"那下午呢？"

"两节课，加个大课间，共130分钟。"

"那晚上呢？"

"晚上100分钟。"

我笑了笑，继续问道："那咱们一天要上多久的课？"

"6个半小时。"刘洪冰抢先回答。

"刘洪冰算得真快！"我继续问道，"第二个问题，这6个半小时你是否把每一分钟都用在了学习上？如果你的答案是'是'，请举手。"

面对我的问题，孩子们你看我，我看你，都没有举手。我点名黄迪："为什么没举手？"他不好意思地笑笑："有时我在走神。"柯明轩也补充道："我经常发呆。"

课件上展示了第三个问题："一天24小时，除掉睡觉9个小时，学习6个半小时，吃饭1个半小时，午睡半个小时，看书1个小时，还剩多少小时？"

同学们纷纷举手说道："王老师，5个半小时。"

"这5个半小时包含了你们午饭后的寝室时光、吃完晚饭后的1个小时等很多时刻，我们把它称为'零碎时间'。现在请大家回忆回忆，这5个半小时里你们一般在做什么？"

伍炳全不假思索地举起手说道："在外面玩。"王馨彤也举手说道："我在画画。"一向不主动发言的王许瑄也说："我在看课外书。"

"咱们来读读名人雷曼和福特所说的话吧，读完后再谈谈你们的感想。"我带着孩子们读起了雷曼和福特的名言。

"老师，这些话都在告诉我们要珍惜时间。""不要任意浪费时间，要利用时间做更多有益的事情。"

见孩子们意识到时间的宝贵后，我鼓励大家来个"头脑大风暴"：既然我们在上课时没有充分利用时间，那么这些零碎的时间是否可以用来巩固学习呢？

走读生何雨嘉说："早上从家到学校的这段路上，我可以边走路边背背古诗词。"

"这是个好点子，不过走路时也要注意安全哦。"

汪锦轩说："中午回寝室后，我可以和同学们多看会课外书。"陈瑶也举起手："课下十分钟，我可以先把下节课要上的内容预习一下。”冉徐阳补充道：“我还可以利用晚饭后的时间把以前做过的试卷再看看、再读读。”

看着孩子们在短时间内想了这么多好点子，我的心里特别高兴。不过想法是好，关键是能付诸实践吗？

于是我与孩子们有了一个小约定，过几天请同学们聊聊你是如何回收“碎片时间”的。

·链接54·

消失的“纸团君”

（教室卫生话题）

上海市嘉定区苏民学校·赵 皎

“哎呀！有些小朋友的座位下面跟小猪窝一样乱。”这几天走进教室，我都会发出这样的感慨。

自孩子们入学以来，教室里满地狼藉的现象经常困扰着我。作为低年级的班主任，我觉得孩子们还小，还没有学会很好地整理个人物品和保持整洁，这也是很正常的现象，于是我在提出了不乱扔东西的要求的同时，每天也会亲自打扫卫生，打扫教室、整理桌椅，甚至在课间我也会把教室清扫一番。

本以为通过我的言传身教，假以时日，学生渐渐长大后，这种问题能够得以改善。然而孩子们依然故我。于是我决定利用班会课的时间和大家一起来解决这个困扰我们三个学期的问题。要给低年级孩子留下深刻的印象并非易事，所以我决定以直观而强烈的视觉冲击为切入点，让孩子们记住好的做法。

上课铃响后，我走到地面上的一堆纸团面前，面带焦虑地说：“同学们，最近老师有个发现，我们班里多了一些小客人——纸团，它们虽然不会吵闹，但却让我们的学习环境变得杂乱不堪，更重要的是，它们在教室里长期‘潜伏’，还练就了一身隐身术。”听到这里，孩子们忍不住哈哈大笑起来。

“老师，我能看到地上的纸团啊，它们没有隐身术啊！”小顾同学反驳了我的隐身说法。

我笑着继续说：“如果没有隐身，那为什么大家都像是看不到它们一样，没有人主动把它们捡起来扔进垃圾桶里呢？”

这下全班都沉默了，大家明白我说的纸团“隐身”的含义了。

“同学们，现在我们来做个小游戏，让我们对比一下你更喜欢怎样的学习环境。”一听到要做游戏，孩子们都用期待的眼神望着我。

“我决定值日生今天放假一天，大家不用打扫卫生啦！地上的纸团我们也不用捡。”

这下全班沸腾了，大家都不明白我为什么要求这么做，有的同学张大了嘴惊讶地看着我，满眼的疑惑，有的同学甚至还用脚踩了踩地上的纸团，一副嫌弃的样子。

“老师已经拍下了教室地面的情况，也请大家记住教室现在的样子，这种状态要一直持续到午饭后。”

“啊？”孩子们又一次被我的要求震惊了。

“老师，那我们的教室岂不是要乱成小猪窝了呀！”

“老师，我们的教室乱七八糟的，我很不舒服。”

同学们七嘴八舌地吐槽了起来。

“不要紧，我们今天就做一下实验，看看哪种环境更适合我们。”

午饭过后，劳动委员焦急地跑到办公室找我：“老师！不好了！我们班被扣分了！”

我来到教室，地面的情况真糟糕，满地的纸团中间还夹杂着饭粒和菜汤，我皱皱眉头示意大家安静下来。

“同学们，看看我们的脚下，谁来告诉我，教室里一片狼藉，你们有什么感想？”这下全班同学像受了委屈一般向我告起状来。

“老师，在这样的环境中我吃不下饭啊！感觉像在垃圾场一样。”

“老师，在这样的环境里，我心里乱糟糟的，根本没有办法静下心来写作业。”

“老师，教室里太脏了，我都没地方下脚了。”

“老师，下课后有小朋友在教室里玩丢纸团游戏，这让教室变得更脏了！”

看着一个个委屈的小脸儿，我心里想：看来这方法起作用了。我笑了笑说：“看来大家都不喜欢这样的教室环境。那还等什么呢，我们一起打扫卫生吧！”

经过这一番亲身体验，同学们都明白了教室环境整洁的重要性，大家齐上阵，人多力量大，有的扫地，有的捡纸团，还有的找来了拖把，把地上的黑脚印都拖干净了。没过多久，教室里就变得窗明几净，整洁了许多。

“同学们，现在感觉如何？”

“老师，现在环境舒服多了，干干净净的，心情都好了！”班长王紫依开心地说。

“让我再拍一下现在的教室环境，咱们来做个对比。”

我将两张照片同时放在大屏幕上，孩子们发出了惊讶的感叹。不用多说，想必大家也明白了哪个环境更好。

这次班会后，同学们都能深刻地体会到保持教室整洁的好处，大家一改往日无所谓的态度，主动捡起身边的杂物，积极打扫卫生，让迷恋地面的纸团再无藏身之处。

第 28 招

疑难问题勇挑战

陕西西咸新区沣西新城第四学校·杨谨坤

在生活中，我们往往会遇到一些疑难问题。由于小学生的年龄及认知水平的限制，导致这些疑难问题很难被解决，给班主任的工作也带来了一定的挑战。

其实，疑难问题是小学德育教育过程中不可避免要遇到的问题，更是在学生成长过程中客观存在的问题。班主任只有在心理上正确认识、勇于挑战，行动上迎难而上，才能使疑难问题不再是班主任开展德育工作的难题，而成为班主任助力学生成长的良方。

怎样解决身边出现的疑难问题呢?

首先，要有思想上的正确认识，以及敢于挑战的心理。教师的职业是会受到社会广泛关注的，而且教师本身就承担着教书育人的重任。如果在育人的道路上，教师因为难题的出现就丧失积极面对的态度，选择回避的话，那何谈立德树人？又何谈五育并举？唯有直面挑战，方可无愧为人之师，才能真正地探寻到解决问题的方法。因此，勇于挑战是班主任面对难题的正确选择。

其次，在解决疑难问题的过程中，应秉持“关注学生成长”的积极态度。古人云“亲其师，信其道”，而“亲其师”是始于教师对学生的爱。只有教师真心关爱自己的学生，才能换得学生“亲其师”。许多疑难问题是在学生的学习生活中产生的，所以，教师在从发现问题到解决问题的过程中应把学生放在首位，思考怎样说、怎样做，才能走进学生的内心，才能改变学生的行为。在本文链接的《你若盛开，蝴蝶自来》中，谢瑞蕾老师引导学生正确面对早恋问题，引导学生不仅要积极地展现自己的闪光点，更要认识到现阶段最重要的任务是学习。课后，谢老师还不忘与学生单独交流。温暖的话语与温暖的拥抱，感动着学生，也感动着读者。这一疑难问题的解决，体现了班主任对学生无微不至的关爱，生动地诠释了何为“关注学生成长”。

再次，解决疑难问题要耐心地向学生摆事实、讲道理。小学生尚处在成长阶段，其年龄特点决定了班主任在面对疑难问题时要对他们有足够的耐心。力求对学生进行全面的分析，提高学生的认识。讲述的时候要 “摆事实”和“讲道理”相辅相成。在本文链接的《支持是一种爱》中，张兰花老师就为我们做了很好的示范。为了让孩子们支持国货，张老师首先介绍了美国对我国开展贸易战的大背景，然后再引用韩国人购买本国品牌、董明珠支持华为以及马云投资芯片行业的故事。既摆事实，又讲道理，联系实际，把学生不容易理解的疑难问题“掰开”“揉碎”，让学生从中提炼出自己能理解的认识——“去谁家买东西就是照顾谁家生意”，不仅解决了生活中的难题，还把课提升到了强国有我的高度。

最后，在解决疑难问题的过程中，我们还要清楚，有时“解铃还须系铃人”。作为班主任要明白，很多问题的出现其实有多方面的原因。班主任并不是可以解决所有问题的“万能人”。在本文链接的微班会《“爸爸叫我打回去！”》中，黄琼慧老师在得知学生动手打架的原因是信奉家长“打回去”的信条后，第一时间召开了微班会，用真实的案例告诫学生，引导学生思考该如何正确地预防矛盾、处理矛盾。在这一过程中，黄老师没有急着否定家长对孩子的教育，而是在帮助学生了解如何正确预防矛盾和处理矛盾后，决定与家长“好好交流，达成共识”，争取家校共育的良好效果。这种处理方式说明了黄老师深知“解铃还须系铃人”的道理。

疑难问题是考验班主任胆气和智慧的炼金石。面对难题，我们要勇于挑战、勤于探索、善于合作，在探索中求方法，在方法上找变通，积极应对难题。但需要说明的是，如果有些难题的解决方法不成熟，也可以先缓一缓，同时，由于时间关系，也不是所有的难题都能通过微班会来解决。

·链接55·

你若盛开，蝴蝶自来

（朦胧早恋话题）

浙江武义新纪元双语学校·谢瑞蕾

“我们班你最喜欢谁？”小赵问。

“我喜欢小华。”小陶回答。

“我也喜欢他。我喜欢他都喜欢得睡不着觉了。”小王略微激动地说。

课间，女生们在教室里窃窃私语，我坐在讲台前默默地听着，嘴角露出一丝微笑：在英语节上，小华的街舞表演“炸”翻全场，他也瞬间成为女生们谈论的对象。

我知道现在五年级的女生比较早熟，可以说是到了青春懵懂期，喜欢谈论“谁喜欢谁”这个问题，据说还有个别女生大胆地向小华表达了自己的喜欢。我也知道她们这种喜欢大多只是对异性的一种好感，是被别人身上的亮点吸引。但这种行为还需要引导，让孩子们正确对待自己的喜欢，让孩子们明白自己现阶段的主要任务是什么。

为此我决定召开“你若盛开，蝴蝶自来”的微班会。我将英语节上孩子们的表演视频进行剪辑，并发布到视频网站上。同时，我准备了两颗味道和包装都不同的巧克力球，为微班会的开展做好了准备。

周五下午的班会课上首先准备的是班级零食派对，算是奖励孩子们在英语节上精彩的表现。待孩子互相分享零食后，我示意孩子们安静下来，说：“在英语节舞台上的你们自信而奔放，展现了我们班最好的精神风貌，现在让我们来回顾一下吧！”我顺势点开了网页上的表演视频，孩子们聚精会神地看着。

“没想到我们班的表演也能在网上看到。”“小华真的太帅了。”“我们的表演真的太棒了。”孩子们边看边情不自禁地评论着。视频播放完毕，孩子们仍意犹未尽。

“看了视频，你们觉得谁最耀眼？”

“小华！”孩子们异口同声地回答。

“喜欢他的同学请举手！”我接着说道，并率先举起了自己的手。

男生们纷纷举手，女生们互相看了看，似乎不太好意思举。

“小华的表演真的很炫酷，好多老师和其他班的同学都很喜欢，都被他迷倒了呢。没什么不好意思的，喜欢是一件很正常的事情，每个人都喜欢美好的事物。当他展现出他身上的闪光点，我们看到了他帅气的一面，自然而然地会被他吸引，内心也就会对他产生好感。这是很正常的事情。”我笑着鼓励女生们。

小王勇敢地举起了手，其他女生也弱弱地举着。

“勇于把自己的喜欢表露出来也是一件很了不起的事，这说明你们有一双善于发现美的眼睛。你们看，老师的手上有两颗巧克力球，你们喜欢哪一颗呢？”我把两颗巧克力球分别放在两只手上。

“右边，有亮片纸包装的那一颗。”

“为什么？”

“因为它好看。”

“那我请小余尝一下，看看味道有什么不同。”

“这个好看的巧克力球的味道怪怪的，还是那颗普通包装的巧克力球好吃一点。”小余尝了尝，惊讶地说。

“看来内在也很重要。除了小华之外，你们还喜欢我们班的哪些同学呢？说说你的原因。”

“小徐，学习成绩好。”“小蓝，乐于助人。”“小石，很文静，学习很认真。”孩子们纷纷回答。

“所以如果你想让别人喜欢你，你就要展现出自己身上的闪光点，让别人看到你。你若盛开，蝴蝶自来。每个人在自己人生的不同阶段都会有不同的任务。现阶段我们的主要任务是什么？”

“学习！”孩子们大声说道。

“是啊，腹有诗书气自华，现阶段的我们就是要通过不断学习来充实自我，让自己变得更加优秀。那我们什么时候能谈情说爱呢？”

“二三十岁以后吧，那时候我们长大了，也有工作有能力赚钱养家了。”小蓝认真地说。

“说得非常好。喜欢很简单，但爱是一种责任，现在的你们还没有承担责任的能力。每个人的人生道路都很长，未来的你会遇到更多的人，等你真正长大的时候，你会更清楚自己喜欢怎样的人。”

课后，我把小王叫到了自己身边，先拥抱了她，然后说道：“听说你向小华表白了，可是被小华拒绝了。被拒绝的时候，你的心里是不是很难受？”小王含着泪水点点头。

“被别人喜欢其实要比喜欢别人更快乐。”我温柔地说道，“我们要让自己变得更加耀眼夺目，靠的不仅仅是外在，更要靠内在的修养。现阶段的你要努力学习，等你长大后，自然而然会吸引更优秀的人。你若盛开，蝴蝶自来。”

说罢，小王把我抱得更紧了。

·链接56·

支持是一种爱

（购物选择话题）

山东潍坊新纪元学校·张兰花

复学后，班里的孩子一有时间就凑在一起，似乎有聊不完的话题。有一次同学们谈论在家学习时用的手机和平板电脑，有人很骄傲地告诉同伴，爸爸买的是苹果电脑或者iPad。听到这里，我的心里很不是滋味。虽然选择不同品牌的电脑和手机是个人的权利，但我还是希望有更多的人支持国货，我觉得有必要引导孩子们思考一些事情，毕竟他们已经六年级了。

在上班会课的时候，我先做了一个手机品牌调查：大部分家长使用的是苹果手机和华为手机。有的孩子表示，自己的家长有两个手机，一个苹果，一个华为，也有的孩子说家长以前用苹果现在换成华为了。当我问为什么大多数家长使用这两款手机时，有的孩子说，用苹果手机很有面子，而且苹果手机也很好用。有的则说，华为手机也很好用。

"同学们，你们知道吗，现在华为最先进的手机是P40，更先进的Mate40也快要上市了，但有一个非常不好的消息，华为最先进的手机以后可能无法生产了。"我有点忧伤地说。孩子们非常惊讶，纷纷问我为什么。

"因为手机里最重要的一个部件是芯片，华为的芯片虽是自己设计的，但给华为生产芯片的公司以后都不能给华为生产芯片了……"

在孩子们不解的目光中，我向孩子们讲述了华为公司从成立到进入世界最先进的高科技公司的历程，介绍华为在5G通信技术方面的世界领先地位……

孩子们都很气愤。子涵马上关切地问道："如果华为解决不了这个问题怎么办？"我说："有一种可能，那就是华为生产的手机要落后了。"

孩子们听后纷纷摇头。这时，我问孩子们："如果华为生产的手机不够先进了，将来你家再买手机时，你们会怎么选择呢？”很多孩子表示，他们还是要选择最好的手机。

我没有对孩子们的选择进行表态，而是问孩子们，你们的父母希望你们成为什么样的人？

“希望我健康。”“希望我报效祖国。”“希望我能成为一个优秀的人才。”孩子们争先恐后地回答。

我对孩子们说：“世界上最爱你们的人是你们的父母，如果你们没有满足父母的期望，你们的父母还会爱你们吗？”

“当然还会爱我！”琪琪说，“不管我变成什么样，我的父母都会爱我，因为我是他们的孩子。”

“因为你是父母的孩子，所以无论你能否成为最优秀的人才，也无论你遇到多大的困难，你的父母都会支持你！”我接着说，“华为是中国的高科技公司代表，如果它遇到了最大的困难，你们觉得我们应该怎么办？”

“我们要好好学习，将来掌握先进的技术。”“要支持华为公司！”不少孩子抢着说。

“好好学习是对的。”我继续说，“有人说，即使华为生产的手机不是最先进的，但仍然会购买，你们知道这是为什么吗？”

“支持华为吗？”有同学说。

“是的，这是一种支持！”我点点头，大声说，“如果在华为遇到困难时，大家仍然购买华为的产品、支持华为，华为就有可能突破一些技术壁垒。就像你们的父母对待你们一样，即使你们不是最优秀的，你们的父母仍然支持你们，帮助你们克服困难。”

我告诉孩子们，韩国人在购买汽车时，往往会优先选择自己国家的品牌，正是因为有这样的支持，韩国大街上出现的大多是韩国的国产车。因此，韩国的汽车能够与优秀的汽车品牌相抗衡，并在全球市场上占有一席之地。我告诉孩子们，自从华为遇到困难后，国内许多优秀企业家都纷纷伸出援助之手，格力电器董事长董明珠公开表示将向华为提供20亿元资金支持，阿里巴巴创始人马云也宣布将投入2000亿元资金用于芯片行业的发展。华为手机在国外销量下滑的时候却在国内大幅上涨……

嘉豪突然说："我爸爸经常去一个商店买东西，那里的东西不是最好的。但是爸爸说，他们家比较困难，去他们家买东西是为了照顾他们的生意。这是不是一个道理呢？"

我点点头对他说："你的爸爸是一个有爱心、有同情心的人。当然，照顾生意也是对他们的支持，但这仅仅是杯水车薪，我想他们更需要的是让自己变得更强大，更有竞争力。华为是我国高科技公司的代表，但国内这样的企业并不多。我们的国家需要发展，需要强大，需要更多的高科技公司，也需要更多的优秀人才。我支持华为，同时也希望你们努力学习，将来为国家为民族做出自己的贡献！"

·链接57·

“爸爸叫我打回去！”

（同学相处话题）

上海新纪元双语学校·黄琼慧

“老师，不好啦！不好啦！”我正埋头办公，小正突然闯进办公室，大声叫我。

“怎么啦？小正，不急，慢慢说。”一年级的小毛孩们容易大惊小怪，碰到他们来反映情况，通常情况下，我都会先安抚一下他们。

“小林拿凳子打人，马老师都没办法阻止，您快去看看吧！”

啊？这么严重，小林平时很少打架，怎么会打人呢？还用凳子？千万别伤着其他同学！就连一向沉着的我，也不由得紧张起来，连忙往教室走去。

教室里已乱成了一锅粥。后门的角落里，几个孩子正扭打在一起。数学老师马老师急了：“小林，放下！小欧，不要打……”可孩子们却像没听见似的，仍然扭打在一起。班里男孩多，平时小打小闹也是常有的事，但基本上就是两个人之间的事情，一般不等老师过来制止，他们自己就会停下来。像这样在老师的眼皮底下打群架、老师都没办法制止的情况可还是头一回。

我赶紧过去，一边严厉地呵斥着那些孩子，一边拉住小林。

等小林安静下来后，我问：“小林，你的爸爸曾经跟我说，他很尊重你的个性，但是有个底线：就是你不能动手打人，你今天是什么情况？”

“是爸爸让我还击的！”没想到他脱口而出的竟是这句话。我愣了一下：难道这就是最近班上打架事件增多的原因？我决定在自修课的时候开一节微班会。

“同学们，开学两个多月了，你们从幼儿园升到小学，又从家里搬到学校住宿，克服了一个又一个困难，学到了很多知识，也长了很多本领，还认识了很多同学和老师，交了很多好朋友，你们真的很棒！不过我最近发现，班上的同学经常来找我，说哪个同学又打人了，哪个同学又被打了，这可就让老师有点担心了！打架绝不是解决问题的好办法。可是我们要是被别人打了，又该怎么办呢？”

我话音刚落，孩子们的手就刷刷地举了起来：“告诉老师！”“赶紧跑！离他远一点！”“我爸爸叫我还回去！”“妈妈说我个子这么高，要打回去，看他还敢欺负我？”“我爸说，要是别人打我，我不还手的话，他就会揍我！”

虽然我早有预料，但是班上几乎90%的孩子都说父母教他们还击，这让我很吃惊。

“嗯嗯，爸爸妈妈担心你们被同学欺负。”我边说边思索着，怎样才能使他们明白，他们的父母只是希望他们能保护好自己，还击不是最合适的办法；怎样才能既安抚他们的情绪，又能避免他们打架。一年级的孩子小打小闹，本来也没多大矛盾，但要是不好好引导，孩子们就不能学会用合适的方法解决冲突，这不仅不利于班风建设，也不利于培养孩子们包容大度的品格和解决冲突的能力，甚至还可能引发安全问题。

“老师给你们讲一个真实的故事吧。”我给他们讲起了自己以前带班的时候，有两个同学因为排队打饭而大打出手，谁也不让谁，最后一个同学情急之下拿着水果刀刺死了另一个同学，结果把自己送进了少管所。

“你们说，先打饭还是后打饭，这有什么关系呢？与生命相比，哪个更重要呢？”

“当然是生命啦！”孩子们异口同声地说。

“是啊，他们都那么年轻，一个失去了生命，一个失去了自由，就为了先打饭还是后打饭这么一件小事，真是太不值得了。你们说，当时他们应该怎么处理才能避免这样的悲剧发生呢？”

“要是那个同学不先打人就好了！”“要是那个同学不还手就好了。”“可是被人插队，还被挨打，这让人气愤啊。”“要是那些顽皮的人老是这样做，我们该怎么办呢？”孩子们七嘴八舌地议论着。

“你们说得对，我们常常会遇到类似的烦恼，那么我们到底要不要还击呢？不还击的话，是不是就不能保护好自己了呢？”我提出问题来引发他们思考，“如果我们碰到了凶恶的歹徒，威胁到自己的生命安全时，我们当然要保护好自己，法律是允许人们还击的，这叫正当防卫。但是我们现在还是个孩子，对付不了成年的歹徒，不能硬来，所以，我们必须要想办法保护自己。这个老师会另外安排时间跟你们讨论。”一年级的孩子很单纯，看问题比较片面和单一，我得小心地和他们说明白。

“我们在学校里，的确会有一些比较调皮的同学，他们会做一些让我们头疼的事情，甚至还会动手打人。我们如果还击，那么就会你打我、我打你，没完没了地持续下去，越打越生气，说不定还会伤到别人，所以从结果上看这绝对不是最好的办法，那么我们应该怎么办呢？”

孩子们开始沉思起来。

“其实，我们可以直接跟对方说出自己的感受和要求：‘你这样做不对，你不要这样做。’如果他还不听，就赶紧告诉老师，老师一定会好好处理，保护好大家的。要是老师不在场，就马上躲开，先保护好自己，不要让别人伤到自己。”我柔和而恳切地说。孩子们安静地听着，似乎有点明白了。

“当然，预防矛盾才是最好的办法。平时，我们也要注意文明，不要做让别人不舒服的事情。我们上学是为了学知识、学本领的，也是为了学会与别人好好相处。俗话说‘宰相肚里能撑船’，这句俗语就是说，人要包容大度，不与人计较。这样才能学得好本领，干得了大事。”我顿了顿说，“同学们，如果今天不是老师来及时制止，小林都拿着凳子打人了，弄不好就会伤到其他同学，这多危险啊！所以老师希望同学们以后能够学会跟同学们友好相处，用正确的方式维护自己，不伤害他人。如果爸爸妈妈知道你们能处理好自己的事情，他们也会很放心、很高兴的。”

微班会结束了，同学们都听得很认真。从那以后，班级里打架的事情就少了很多了。

当然，我还得跟家长们好好沟通，与他们达成共识，家校协调才能起到更好的教育效果。

第 29 招

打破常规有新意

四川成都市双流区实验小学・严雪

作为新时代的小学班主任，我们应该打破固有的经验主义观念，以敏锐的眼光去发现班级中存在的问题，积极打造具有自身特色的微班会。其中打破常规有新意也是很重要的。

踩着别人的脚步走，走的是别人的路。每个班的班情都是不一样的，每个班发生的问题也是不同的，如果我们生搬硬套、因循守旧地上微班会，往往得不到好的效果。当下我们也应该拥有改革创新的精神，敢于打破常规去构思，通过积极、主动、创造性的实践研究，把微班会的丰富性、新颖性转变为现实，使微班会充满新意。

有新意的微班会往往更受学生的喜爱。现在的小学生与原来的学生相比有很大的不同，他们视野更开阔，思维更活跃，求知欲也更高，而且小学班主任和学生相处的时间也很长，经过这么长时间的相处，老师和学生之间已经形成了一种独有的默契，很多时候，微班会刚进行到一半甚至刚开始，不少学生就已经猜到了老师接下来要做什么，学生们的积极性就会大打折扣，当然教育效果也会大打折扣。不仅如此，对于小学中、高年级的学生来说，有些微班会的游戏和事例学生都见过，这会降低学生参与班会的兴趣。根据小学生的年龄特点，越是新奇的事物越能吸引他们的注意力，一节打破常规的微班会往往会让学生眼前一亮，极大地激发学生的兴趣，提高学生的课堂参与度。

想要举办一次有新意的微班会其实并不难，只要班主任能够积极发挥自己的主观能动性和创造性，想方设法寻求突破，就能开展创意微班会活动。

首先，微班会的立意可以打破常规。打破常规思维，另辟蹊径巧立意，反向引导思路都能产生良好的教育效果。例如本篇链接的微班会《学会放弃　同样精彩》中，平时“站报纸”我们经常教导学生要学会抱团（团结），学会坚持，但是有时候生活中并不需要一味地坚持，有时勇于放弃，收获可能会更大，有舍才有得。“最先完成三轮游戏的小组为获胜小组”，由于游戏规则的改变，以及活动立意的改变，让学生眼前一亮，给人一种“顿悟”的感觉。凡事都有两面性，我们不能总是用常规的教育方式去引导学生应该怎样做，而是要让学生学会辩证地看待事物，明白生活是有多种可能性的，我们要根据自己的实际情况来做事。

其次，微班会的选材可以打破常规。微班会选材的新颖度越高，就越能激发学生的兴趣，打破常规的选材，对于提升微班会的教育感染力、深化主题等都有好处。例如爱国这一话题，我们常常会选择英雄故事、爱国歌曲、诗歌、了解祖国发展的纪录片等，虽然这类微班会听起来慷慨激昂，充满了爱国情怀，但是对于理解能力和感知能力都还不成熟的小学生来说，往往显得空洞，难以真正引起共鸣。这时我们可以打破常规，选择新颖的题材，比如以第五套人民币为切入点，回顾历史的变迁，了解人民币的发展历程，了解第五套人民币的正反面图案，通过介绍人民币，让学生感受国家的发展，进而引导学生懂得爱护人民币就是爱国的表现。

最后，微班会的形式可以打破常规。常规的微班会的活动形式已不能满足新时代小学生的发展需求，形式新颖的微班会能充分调动学生参与活动的积极性，使教育“水到渠成”。我们可以从组织方式上寻找新的思路，改变传统以教师为主导的方式，采用学生主持、小组轮流主持、男女生竞赛主持等多种组织形式开展微班会。而具体的活动形式也可以不断寻求创新。

当然，所有的创新与突破都要在研究本班学生的基础上，结合本班的实际情况来进行，而不是为了创新而创新。

· 链接58 ·

学会放弃　同样精彩

（团队合作话题）

内蒙古呼和浩特市土默特左旗金山学校·赵　璐

几天前，学校宣布要组织朗诵比赛，按照规定，每个班级需要四名领诵的同学，名额有限，我告诉同学们认真准备，次日进行选拔。

第二天早上，我把孩子们分为男生和女生两组，分别进行选拔，每个人都朗诵相同的段落，然后投票选拔。男生组进展得很顺利，很快就选出了两个孩子。但女生组的人数较多，水平也接近。小暖参加过专业的朗诵训练，可以说是班里的佼佼者，她是领诵的第一人选。但她的声音条件太好了，试了一圈，都找不到一个同学与她搭配。

“老师，我觉得益嘉和夕雯她俩的声音挺配的。”一个孩子的声音打断了我的思路。我思索片刻，决定“就益嘉和夕雯一起吧……”

话刚说出口，我就看到了小暖眼里的光瞬间黯淡了下来。

一连几天，小暖每次看到我都会有选择地绕开，再也不像以前那样热情地跟我打招呼了，我几次试图主动跟小暖聊聊，却始终找不到合适的机会。不过，我接到了一个任务——要上一节微班会，我忽然眼前一亮，心中有了打算。

上课时，我跟大家说，今天要带他们做一个“站报纸”游戏。这是我曾经带他们做过的一个游戏，他们望向我的眼神里充满了自信。

我微微一笑，说道：“原本的游戏规则是，要想尽一切办法让报纸上站的人最多，但是今天老师做了一些改动，我们分三轮进行游戏，首先随机选出两个小组上来站报纸，报纸越站越小。一张，半张，小半张，每次坚持5秒。要求每轮游戏结束之后，每个小组必须有一名同学退出，然后进入下一轮游戏，最先完成三轮游戏的小组为获胜小组。”

孩子们的眼神里出现了一丝迷茫，他们互相看了看身边的同学。我看到了他们眼中的疑惑，却并未解答，而是随机抽取了十名同学参加游戏。

分好组后，大家开始准备，商量着各自小组的战术，第一轮游戏进行得很顺利，第二轮游戏一开始，两个小组的表现大不相同：第一小组的同学快速围成了一个圆圈，用“石头、剪刀、布”的方式来决定谁退出，这个过程消耗了比较长的时间；而此时，第二小组的同学已经顺利进行到了第三轮，原来第二小组每一轮游戏结束，都会有一个同学选择主动退出游戏，所以他们很快地完成了任务。看到这一幕，我心中涌起一股暖流。我想，通过他们在游戏中的体验，观察与思考，一定能有所收获，有所感悟，这对他们以后的成长都大有裨益。

游戏结束后，我采访了获胜小组第二小组里最先退出的嘉鑫，我问他为什么会选择退出。他略加思索后说："我希望我们小组能更快取得胜利！"

"说得好！"我转身询问其他孩子，"我们平时总说，坚持到底就是胜利，可是刚刚嘉鑫选择了主动退出，他并没有坚持到最后，他是不是失败者呢？"

"不是！"孩子们非常肯定地回答我。小浩站起来说："他不是失败者，他是为了小组取得胜利才主动退出的。他同样是胜利者！"

我转身打开了准备好的照片："孩子们，在刚刚结束的朗诵比赛中，我们取得了非常不错的成绩，那是我们班所有人共同努力的结果，在这里老师想问问大家，在以后的生活中，有时为了集体的胜利与荣誉，我们能不能向嘉鑫学习，在必要的时候勇敢地选择放弃呢？"

"能。"小杰站起来说，"其实这次我们选择领诵人选时，那些没被选上的同学，也是因为他们不计较，而让更适合的同学去做领诵，我们才能取得最后的胜利！"

听了小杰的话，我带头鼓起掌来，在掌声中，我看到了孩子们脸上泛起的片片红晕。

我把赞许的眼神投向了班级里的每一个孩子，为他们明白事理而高兴。我们总说要学会“舍得”，有“舍”才有“得”呀，而“舍”是需要学习才能放下的。当我再次和小暖四目相对的时候，我看到了她眼里又重新亮起了光芒，看到了她脸上再次绽放的笑容，我知道她明白了，他们都明白了。

很多时候，我们为了集体的荣誉需要放弃自己的愿望，可这时候的放弃，也同样值得人称颂和赞美啊！

第 **30** 招

用心切入角度巧

山东威海市福泰小学·郑会

微班会用时短暂，力求高效。由于时间的限制，初始阶段，不少班主任认为微班会只适用小题材，因为小题材适合“一事一议”，易于班会活动展开。但随着研究的不断深入，更多的班主任发现，大的话题也可以上微班会，关键是“用心切入角度巧”。

上微班会时，找到一个好的切入点，聚焦主题，问题就很容易解决，呈现方式也会绚丽多姿，精彩纷呈。

1.巧选角度，以点带面。我们可以选择有特征的事物。有些话题具有比较明显的特征，比如我们的传统节日和法定节假日：“春节到，人欢笑，贴窗花，放鞭炮。元宵节，看花灯……”二年级学生学习的《传统节日》一课中生动地介绍了我国传统节日的特征。再如说到国庆节，大家自然而然地就会想到大街小巷挂着的国旗。对于这些具有明显特征的大话题，我们就可以化大为小、从小处切入、以点带面，从它们鲜明特征的“点”，巧选角度，切入主题，开展微班会。

在本文链接的微班会《小手绘出国旗红》中，在国庆节来临之际，细心的黄老师发现小艾同学口罩上绘有“国旗”图案。于是想到以“国旗”作为切入口开展国庆主题教育活动。黄老师根据一年级小学生的心理发展的特征，设计了有趣、可操作的“微活动”——“画国旗”。学生在活动中不仅学会了怎样画国旗，更重要的是在画国旗的过程中，与老师一起探究了国旗颜色和五星的象征意义，并树立了为国旗增光添彩的理想，把爱国爱党爱人民的种子植入了心田。从整个过程来看，一个小小的切入点就能展现出宏大的主题。

2.巧选角度，以点深入。我们可以开展能拓展的活动。有些大话题不具有鲜明的特征，比如合作、沟通、倾听等，我们可以通过观看视频、体验活动等方式，引导学生理解其中的道理和方法。在同学们观看视频，体验活动之后，要做进一步的拓展，使微视频更具有说服力，使活动更深入，从而达到“以点深入”的目的。

比如“合作”话题，我曾经在成都市石室小学看到过丁如许老师借班上的微班会“学会合作”。上课伊始，丁老师就组织学生参加活动：请学生在30秒内数出图片中小汽车、货车、公交车和飞机的数量。由于交通工具数量较多，且排列无序，学生个人是完成不了的。这时丁老师引导学生思考：“我们能不能改进方法，争取数清楚呢？”因为有了刚才活动的体验，学生们立刻提出“合作”数数的方法。于是丁老师根据学生的要求，组织学生“四人一组”数数，结果很顺利地完成了任务。同学们在此基础上，交流、分析原因，总结有效的方法，并由此拓展到龙舟竞渡、外科手术、宇宙飞船升空、抵御自然灾害、迎战新冠肺炎疫情，再回到如何出好黑板报。以“一个活动”为切入点，循序渐进，步步深入，让学生对“合作”的重要性和具体方法有深刻的理解。

3.巧选角度，点点相连。我们可以进行系列化的教育。大的话题由于内涵比较丰富，仅用一节微班会是难以解决问题的。这时就需要将大话题细分成多个小话题，再逐个深入地展开。

比如我校开展学生行为规范养成教育的微班会活动时，由于小学生行为规范内容比较广泛。因此，我们将小学生的行为规范细分为学习、卫生、纪律等多个话题，每个话题又可划分出多个小专题。如“讲秩序”的话题，我们可以细分为排队有秩序、课间有秩序、就餐有秩序、候场有秩序等多个微班会小专题。这种点点相连的系列化微班会，有利于点的落实，有利于线的巩固，突出了教育的计划性与连续性，可以取得良好的效果。

“用心切入角度巧”，只要我们以点深入，以点带面，系列推进，就能上出精彩纷呈的微班会。

·链接59·

小手绘出国旗红

（爱国教育话题）

上海嘉定区苏民学校·黄苗苗

“老师，老师，你看，好看吗？”我低头一看，小芠的手里捏着一个口罩，小巧的口罩上印着红黄色的国旗，上面的五颗星星鲜艳夺目。

“小芠，你今天的口罩真好看！”我笑着说。

“国庆节要来了，爸爸今天给我换了一个口罩，说是为了庆祝国庆节。”小芠开心地说。

“小芠，你想知道国旗背后的故事吗？想动手画一面国旗吗？” 没等我说完，小芠就大声说：“想！”

下午的班会课上，我告诉孩子们小芠今天的口罩与众不同，大家的好奇心都被勾了起来，纷纷想看看小芠的口罩。于是我请小芠做了展示，孩子们都露出羡慕的神色。

“小芠的口罩提醒了我们即将到来的是什么节日啊？”我问道。

“国庆节！”孩子们争先恐后地大声回答。

“国庆节是我们祖国母亲的生日，10月1日那天，我们在大街小巷、高楼大厦都能看到很多国旗。今天我们来学画国旗，好吗？”

“好！”孩子们再次争先恐后地回答。我把准备好的纸分发下去，孩子们纷纷从美术包里拿出了画笔。

“我们国家的国旗是五星红旗，谁能说说五星红旗的样子？”我问道。

小睿马上举手：“老师，五星红旗是红色的，上面有五颗星星，星星是黄色的！”

“为什么我们的国旗是红色的？”我又问道。

“因为战争，死了很多人，流了很多血，血就是红色的。”小萌也举手说道。

“应该说，为了新中国的成立，很多先烈抛头颅，洒热血，他们用生命、用热血换来了新中国的诞生。红色象征革命，黄色表示中华民族为黄色人种，同时也表示着黄色的星星终将在红土地上显出光明。你们看，五颗黄色的星星正在国旗上闪耀着呢！”

“老师，为什么五颗星星不是一样大呀？”小思纳闷道。

“是啊，你们看，四颗小星星围绕着一颗大星星，这是为什么呀？”听到我提出的问题，孩子们不约而同地摇摇头。

“四颗小星星代表全国人民，这颗大星星代表中国共产党，小星星围绕着大星星，代表全国人民在党的领导下团结向前！”我笑着解释道。

听我这么一说，一张张小脸上都露出了似懂非懂的表情，令人忍俊不禁。

“我们了解了国旗的含义，就可以开始画国旗啦！”一下子，全班的孩子们都跃跃欲试。这时我拿起一张画纸，提议道：“为了帮助我们把国旗画得更好看，老师教你们一个小窍门吧。”说罢，我打开展台，把长方形的画纸放在展台下面，将纸张对折再对折，这样，纸上就出现了一个交叉十字的折痕和四个小长方形。“五颗星星都在左上格，星星画黄色，其余画红色。”

说话间，不少孩子已模仿着把画纸折好，迫不及待地拿起画笔“开工”了。孩子们小心翼翼地勾画着星星，画得快的已开始涂色了。

我走到小成身边，只见他画纸的左上格还是空白一片。小成不好意思地挠了挠头说：“老师，五角星我没画过，画不好。”

“大星先画好。四个小星各有一个角尖对着大星的中心点。老师带着你画这颗大星星，你再试试自己画四颗小星星，好吗？”我握住小成的小手，手把手地在他的画纸上勾勒出了一个五角星，又一笔一画地描了一遍。接着，小成勾画出一颗小星星，虽然星星有些歪斜，但星星的一个尖角正对着大星星。

“非常棒！”我向小成竖起了大拇指。

不一会儿，一面面金星闪耀、鲜艳如火的五星红旗在孩子们的画纸上飘扬，五星红旗熠熠生辉。我提议大家把自己画的国旗举高，跟着音乐一起唱儿歌《国旗国旗多美丽》。

前奏音乐响起，屏幕上出现了旭日当空的画面，国旗在蓝天的映衬下格外夺目。“国旗国旗多美丽，天天升在朝霞里，小朋友们爱祖国，向着国旗敬礼，敬个礼……”

“今天我们用小手描绘了国旗。我们描绘得还不够好。因为我们还小，还需要学习。老师希望你们好好学习，增强本领，长大后，用这双勤劳的双手为国旗增添新的光彩！”在音乐中，我告诉孩子们，“今天画的国旗，你们带回家，可以贴在墙壁上，可以压在台板下，用来鼓励自己积极向上哦！”

孩子们听了纷纷点点头，在手中的五星红旗的辉映下，小眼睛里闪耀着兴奋的光芒。

第31招

以我真心换真心

浙江瑞安市新纪元小学·林儒燕

我认为，教师唯有真心付出才能换回学生真心对你。很多优秀的班主任都有这样的认识，那就是教师必须要有“三心”：爱心、信心、责任心。爱心是甘泉，滋润干涸的心田；信心是蜡烛，照亮暗淡的心田；责任心是太阳，温暖冰冷的心田。当然，不管是哪一种“心”，都需要建立在“真心”的基础上。

真心的力量是无穷的，一次次推心置腹的交谈，一次次嘘寒问暖的安慰，一次次慷慨无私的帮助，都会给学生留下深刻的印象。上微班会也是如此。和学生交谈，谈谈学习的重要性，谈谈如何孝敬父母，谈谈怎样和同学和睦相处，等等。学生也就会敞开心扉和你交流。

那么，在上微班会时，班主任要如何做到“用真心换真心”呢?

一、捕捉契机，播撒真诚爱心

教育契机经常出现，但有时很难把握。当我们抓住了教育契机，就要敏锐地分析我们要解决的问题。如本文链接的微班会《不是第一名也没关系》中，潘老师在课间听到几个男生嘲笑班长吴宸灏，做错了简单的试题，也看到班长吴宸灏因为没有考好而伤心与失落，便抓住这一教育契机及时开展微班会活动。但潘老师在开微班会时，没有直接批评做错了的学生，更没有直接将正确的做法告诉他们，因为这样的效果可能不理想。在日常生活中，许多大道理，学生都懂，可他们就是做不到，为什么呢？因为我们的“告诉式”的德育，只是浅层的信息“流经”，学生只有通过“感动”体验获得的认识和感受才能触动他们的心灵，留下深刻的印象。潘老师借助绘本故事来引导学生，在此基础上明确地、真诚地表达自己的观点，话不多，但在理、真诚，最终走进了孩子们的内心。在这节微班会中潘老师用自己真诚的爱心换得孩子们的真心交流，既让那些取笑班长的男孩们认识到了自己的错误，又保护了班长的自尊心，更让其他学生学会了正确地对待学习上的失败，这种充满爱心的微班会可谓一举多得。

二、放大优点，树立自信力量

自信心是学生心里最敏感的角落，是学生前进潜在的力量，是学生奋进的动力和向上的源泉。作为一名小学班主任，帮助学生在小学阶段树立和增强自信心，对于他们的成长至关重要。我们班的小嘉同学，思想活跃，课堂纪律差、文化成绩也差，但是体育成绩突出，在运动会上，他为班级争得荣誉。于是我抓住这一点在班上对他进行表扬，让同学们在这一方面向他学习，也让他们明白“尺有所短，寸有所长”，要善于发现和学习别人的长处，为此，我还专门组织了一次微班会《我为同学找优点》，让同学们互相找对方身上的优点、长处，使很多原本自卑的学生认识到自己的长处和优点，从而有追赶先进的勇气。本文链接的微班会《不是第一名也没关系》中，我们不难发现在潘老师的微班会中，也是通过引导的方式帮助学生增强自信心，让学生认识到，除了成绩之外，还有很多方面需要努力，分数不是评价一个人的唯一标准。因此，在上微班会的过程中，我们要用放大镜去看学生的优点，用老师对学生的信心来激励学生增强信心，这种真心的教育，一定能收获良好的效果。

三、将心比心，微笑鼓励成长

身为老师，总是板着面孔好吗？不好！因为板着面孔会对自己的身心健康有影响，对别人的身心健康也会有影响，更别说每天面对的都是有着美好幻想、正在成长中的小学生，他们很不喜欢这样的老师。但开微班会的原因通常是，因为学生出现了一些问题需要教育。如果此时我们能够适时地展示微笑，多些理解，多些期待，带着微笑和学生交流，那么师生之间的交流就会变得融洽，而学生也会在身心愉悦的状态中，接受老师的教育。事实证明，当一个学生无意识地犯错误时，老师给他一个无声的微笑，与劈头盖脸的训斥相比，微笑会让他的自责心更为沉重，这种体验我经常有。我想，那是因为我们的微笑中一定带着教育的真心，学生还是能读懂这份真心的吧。

“用心去理解、用心去教育，让每个孩子都昂起头来走路。”这是许多班主任对教育事业的庄严承诺！作为班主任，上好微班会的精髓在于用真心换真心，真情互动，才能让教育在学生的心中生根、发芽，结出累累硕果。

·链接60·

不是第一名也没关系

（考试成绩话题）

浙江瑞安市新纪元小学·潘雪慧

期中考试已经结束好几天了，学生们翘首以盼的成绩总算揭晓了。考得好的同学，喜笑颜开，考得不好的同学，垂头丧气。

“连这么简单的题目都做错啊，不会吧？”这时，教室里传来几位调皮男生的起哄声。只见他们围着班长吴宸灏取笑，而吴宸灏红着脸，紧紧地把试卷捂在抽屉里。

其实在每次考试后，都会出现这种因发挥失误而被同学取笑的现象。每每看到这样的场景，我都会感到心痛，因为我觉得我们应该正确看待名次。为了培养同学们的勇气和信心，我决定开展“不是第一名也没关系”的微班会。

上课铃声响了，我笑着说：“同学们，今天我们来听一个故事。”说着，我播放起绘本故事《不是第一名也没关系》。画面上，小朋友们高高地举起了双手，脸上洋溢着灿烂的笑容，他们是那么的活泼可爱、天真烂漫。开篇就很直接地告诉孩子们，就算不是第一名也没关系。配图是一群数字宝宝，它们睁着一双双小眼睛，像一群欢快的小精灵一样嬉戏玩耍着。童趣的画面和丰富的颜色一下子吸引了同学们的目光。

“你们看到了什么？”当翻到第一页时，我按下了暂停键。

“有很多数字，1、2、3、4、5……” 包佳琳第一个举起了手。

“是的，1后面有很多数字，不可能永远只有1，那样世界会变得很单调。也不可能每个人都是第一名，有人这次得第一，下次你也有机会得第一，别担心，只要你努力了，不是第一名也没有关系。”说完我继续播放视频。

孩子们聚精会神地往下看。

“看了这个绘本故事后，谁来说说你有什么启发？”我开始提问。

“不懂的知识慢慢学，学一点，再学一点，认真去学就可以啦。”姚欣妤快速地回答。

“遇到困难一步一步来，耐心别急躁，相信自己能战胜困难。”李宸果慢条斯理地说。

“不要因为不是第一名而难过，不要因为不是第一名而垂头丧气，不要因为不是第一名而觉得自己很渺小。”吴宸灏也表达了自己的看法。

“同学们说得都非常好！还有补充的吗？”我满怀期待地望着孩子们。

潘冠政思考片刻，说道：“有很多著名的科学家小时候都很平凡，也都不是第一名。他们也是经过了不懈的努力，最后才取得了成功。”

“你听得非常认真！发明大王爱迪生总得倒数第一，天才物理学家爱因斯坦，也曾经被人嘲笑是白痴。经过他们不懈的努力，爱迪生成了发明大王，爱因斯坦成了天才物理学家，所以现在的你不是第一名也没关系。”我肯定了他的观点，“再来说说我们这次的期中考试吧!有的同学考得不好就感觉特别伤心，对未来的学习失去了信心；还有的同学甚至因为别人没考好而去取笑别人，你们觉得这样的做法对吗？”

“不对！”同学们异口同声地说。

刚才还在起哄的那几个男生，此时都有些羞愧地低下了头。

“面对这次期中考试的失败，你会怎么做呢？”我继续追问。

“调整心态，用心对待下一次考试。”郑景文说。

“没错，这确实是个不错的办法。”我称赞道。

“找出试卷上的错题，把它摘录到错题本上，平时还要多翻多看。”学习委员张宝宝补充道。

我微笑地向她点了点头，高兴地说道：“是啊！考试就像捕鱼，每一次考试你都会发现渔网上的漏洞，经过一次次的修补，一次次的捕捞，你的知识与能力编成的渔网才能变得牢不可破。”

“上课认真听讲，积极发言，向身边优秀的同学学习。”张仕鹏分享了自己的小妙招。

“为自己制定一个短期的小目标，然后继续努力。”陈耀楠也举起了手说道。

看着孩子们又开始自信起来，我高兴地说道：“同学们说得都很好！挫折给我们带来磨砺的同时，也给我们带来了宝藏。如果你已经很努力了，即使不能成为学习上的第一名，也没有关系！还有机会成为其他方面的第一名，像故事里说的那样！我们可以成为和小朋友们和睦相处的第一名，待人热情的第一名，会讲笑话的第一名，这些第一名也都很光荣。还有最受小朋友欢迎的第一名！我们只要拥有勇气和自信，拥有想要变得更好的决心，不断去努力去奋斗，总有一天你也会成为某方面的第一名！”

第 32 招

未雨绸缪做在先

重庆涪陵外国语学校・李甜

在班主任的工作中，班主任要掌握工作的主动权，避免陷入“头痛医头，脚痛医脚”的被动应付局面，有经验的班主任会利用好微班会，针对学生成长过程中可能发生的状况进行教育，让学生学会未雨绸缪。因此，“未雨绸缪做在先”是班主任上好微班会常用的锦囊妙招。

“未雨绸缪”这一成语，出自《诗经·豳风·鸱鸮》。意思是在还没有下雨之前，先把门窗绑牢。比喻事先做好准备工作，才能有效应对将要发生的各种突发情况。所谓“未雨绸缪，有备无患，防患于未然”。那么，如何在微班会上用好这一招呢？我们可以这样做：

1.根据学生身心发展的规律，提前做好准备。根据学生身心发展的规律，我们可以预测学生在成长过程中会出现的状况，指导学生未雨绸缪，做好应对措施。如现在的学生的心理、生理变化速度比较快，小学五六年级的学生，已进入青春前期，他们会对许多事物都感到好奇，比如电子游戏、早恋，在“新鲜”“好玩”的刺激下，他们没有足够的应对能力，从而导致了问题的发生。因此，我们可以根据学生的年龄和心理特征，再结合本班班情，开展未雨绸缪的微班会活动。如预警不要掉入电子游戏的陷阱，可召开微班会《真正的“王者”才荣耀》，如预防早恋，可召开微班会《“青苹果”不甜》《珍惜友谊》，帮助学生预先分析有可能要面临的问题，引导学生树立正确的认识，提前做好预防措施，这样才能够防患于未然。

2.根据社会生活发展的趋势，提前做好准备。近年来，经济飞速发展，我们的生活中出现了很多新鲜事物。根据社会生活的发展趋势，我们可以预测学生可能会遇到的问题，指导学生未雨绸缪，加强学习。如本文链接的微班会《共享单车　共守安全》中，针对小学生骑共享单车的安全问题，班主任申老师适时开展了一节微班会，引导学生认识问题、归纳事故发生的原因，让学生掌握骑共享单车过程中应该注意的事项，帮助学生正确认识和使用共享单车。这种未雨绸缪的做法，在后期的实践中是十分重要和有效的。

3.未雨绸缪做在先，重点在“做”。既然我们能对可能出现的事情做预测，那就要教会学生做好应对措施，不至于遇事慌乱而不知所措。所以，我们在设计和开展微班会的过程中，要多注意细节，引导学生认真剖析问题，讨论应对措施，做到未雨绸缪，以达到事半功倍的效果。

要做好未雨绸缪，我们还应该多学习、多借鉴他人成功的经验。学习、借鉴他人的成功经验，其实也是未雨绸缪做在先的具体表现。

未雨绸缪，思考在前，教育在先，以微班会为载体，可以体现微班会“短、平、快”的特点，体现微班会教育的价值所在。

·链接61·

共享单车　共守安全

（交通安全话题）

上海嘉定区苏民学校·申金艺

“同学们，这是什么？”我刚打出共享单车的图片，同学们就异口同声地说：“共享单车！”

“你们在哪里见过？”

“小区门口！”“地铁站附近！”“公园附近！”同学们争先恐后地回答。

“这些年来，共享经济迅速发展，共享单车在我们的身边也是随处可见，今天就让我们一起来学习使用共享单车的知识。”我微笑着说，“在课前，我让你们以小组合作的方式收集了有关共享单车的知识，现在请各组代表上来做汇报。”

“我们收集到《中华人民共和国道路交通安全法》，其中明确规定，未满12周岁的儿童不准驾驶非机动车。” 首先汇报的是第一小组的小杨。他还给大家介绍了未满12周岁的上海小学生骑行共享单车发生交通事故的新闻报道。同学们看得非常认真。

“为什么我们现在不能骑行？”我问道。

“因为年少，在路上遇到紧急情况，我们没办法及时处理，会手足无措的。”“因为我们还没有达到法定的骑非机动车的年龄。”

“国家要保护我们，我们就要按照国家的要求去做。不过我们班级很多孩子即将年满12周岁，以后也会有许多同学需要使用共享单车，那么我们该如何使用共享单车呢？我们应该注意什么呢？”

根据课前的分工，第二小组收集了相关资料。小尹给大家介绍了骑行前要注意的事项：“骑行前我们要对共享单车的主要部件进行检查，如车铃是否能响，刹车是否失灵，车座是否稳当，车胎的气是否充足，检查好之后才可以使用。”

同学们纷纷点头，大家都非常认同骑行前的检查事项。

“在骑行过程中，我们又有哪些需要注意的事项呢？”第三小组的小俞汇报说：“首先不要飙车，速度不要过快。其次在骑行过程中要遵守交通规则，在专用车道上骑行。在骑行过程中，遇到要转弯、刹车时，还应该有示意动作。”于是大家兴奋地学起了左右转弯、刹车、停车的手势。

“没想到共享单车还有这么多值得我们关注的地方啊！”有同学小声说道。

“骑行共享单车时，大家都要遵守规则。”我又播放了一段视频，请大家一起来找碴。视频里，一位七年级的学生，正打算骑着共享单车从家前往地铁站。“如果你是小小安全员，请提醒这位小哥哥，他应该注意什么事项？”

同学们精准地复述了刚刚学会的骑行前需要检查的要点。我继续播放视频，这时出现了等红灯，红灯过后又是大转弯的情况。同学们兴致勃勃地讨论着骑行时的注意事项，还把刚刚学会的手势练习了一遍。

快到地铁站的时候，我摁下暂停键。“这时候你需要提醒这位小哥哥什么呢？”第四小组的小张非常积极地说：“我们想提醒这位小哥哥，一定要把单车停在规定的区域内，然后把车摆放整齐。”

“生活中存在很多乱停乱放的现象，同时还有许多毁坏共享单车的现象，给大家看一看相关的照片。”一张张照片的出现，让同学们惊讶之余，也提醒大家要善待共享单车。只有爱护，才能共享。

“经过今天的学习，相信大家对共享单车的使用有了一定的了解，也希望大家以后使用共享单车的时候，能遵守交通规则，爱护共享单车，共同维护交通安全，共担安全文明责任。”

这是今年暑期前的一节微班会。暑假期间，我在家访时。在班级微信群里都关注了同学们使用共享单车的情况，发现同学们都做得很好。我想，这节课对于届满12周岁的孩子们来说是多么重要啊！

第 33 招

家校携手成合力

云南丽江上海新纪元学校 · 周洁

要做好班主任工作，必须发挥学校与家庭的“双臂”作用，形成教育的合力。

要上好微班会，学校与家庭也必须携手形成合力。家校携手有利于形成共同的教育目标，有利于形成有效的教育方法，有利于达成更好的教育效果。家校携手形成合力，能促进孩子更好地发展。

怎样在微班会上做好家校携手呢？我们可从以下三个方面开展工作：

1.请家长直接参加微班会。在确定了微班会的主题之后，可根据需要，邀请家长作为特邀嘉宾为本班学生做专题小讲座，如《交通安全记心上》《坚持锻炼好处多》等，也可邀请家长代表旁听微班会。为了让这次专题微班会顺利开展，班主任可以根据微班会的结构或示例选择给家长提供建议。来自不同行业的优秀家长，用自己所学所能，为班级带来更多的学习资源，帮助学生拓宽视野，提高微班会的教育效果。家长代表旁听微班会，并不只是一个旁听者，我们还可以邀请到会的家长即席发言。考虑到微班会的时长限制，为了避免个别家长发言时间过长，可以请家长讲“一句话”。当然这种要求是在开会时就应该提出的。

2.请家长配合微班会活动。由于受邀来校作专题讲座或旁听微班会的家长仍属少数，我们还需要更多的家长参与进来。但是考虑到学校工作和家长工作的实际情况，家长直接到校参加微班会还是有很多不便的地方，这时可请家长配合学校，积极关心、协助班主任开好微班会。我们可邀请家长录制视频对学生进行教育（在本书《自拍视频也精彩》中有注意事项的介绍），我们还可以邀请家长给孩子们写一封书面寄语信。班主任可以从中选择若干书面寄语作重点分享。当然班主任也会尽量让每位学生家长的寄语都有展示的机会。通过视频、写书信等方式，使家长成为微班会中的参与者、合作者。

今天网络的发达，还可以帮助我们突破时空的局限，在上微班会时开展视频连线活动，如在开展感恩父母的微班会时，可连线学生家长，在开展“你对父母知多少”的微班会时，可组织现场对话活动，或由孩子现场视频送上祝福。又如开展“我是家长小助手”微班会，也可视频连线家长，请家长夸一夸做得好的孩子。当然事先与家长做好必要的沟通也是很重要的。

3.开展感恩家长活动。要做好家校协同工作，从学校层面来说，教育学生尊重家长、理解家长非常重要。在微班会上，可以让学生讲讲父母的优秀事迹，讲讲自己的成长感悟，如本文链接的微班会《爸妈常对我这样说》中，班主任蒋老师从小彤的身上感受到了家庭教育的影响力，思考“怎样才能家校齐力，更好地促进孩子们的健康成长”。她一方面在家长会上用小彤的事迹告诉家长要言传身教，培养孩子们的良好习惯，另一方面召开了“爸妈常对我这样说”的微班会。通过分享“（家长）常常对我说什么”，思考“自己最应该牢记的是什么”，强化了家长在家庭教育中不可或缺的作用，促进了尊重家长、践行家长教诲的良好氛围的形成，推动了家校教育同步协调、教育互补、共同负责的深入开展。

苏霍姆林斯基说：“最完备的教育是学校与家庭的合作。”作为班主任应积极争取家长的密切配合，微班会也是重要的途径。在准备、实施、完善的过程中，要不断加强学校与家庭教育的协调，不断强化家校协同教育的共识。

·链接62·

爸妈常对我这样说

（家庭教育话题）

浙江金华市新纪元丰子恺学校·蒋相兵

本学期，我们班转学来了一位女生——小彤。小彤是北方人，因为父母来这边打工，所以转学到了我们学校。

每天上午十点是我校的营养餐时间，孩子们最爱吃的营养餐是酸奶，可喝完之后的教室卫生，却让人头疼不已——滴在地上的酸奶被踩上一脚，地面就会变得又脏又黏。让我没有想到的是这学期情况有了改观——说起来，这还跟小彤有关。

原来，小彤喝酸奶时总是小心翼翼的，偶尔有酸奶不小心滴在地上，她都会马上用纸巾擦干净。在她的带动下，更多的同学养成了喝酸奶不留“痕”的好习惯。再后来，小彤又和其他班干部一起，每天及时清理同学们喝完的酸奶盒，消除了教室卫生的死角。这些改变，受到了学校的表彰。面对老师与同学的赞扬，小彤总是说：“这没什么，我妈就是一个爱干净、会整理的人，她常对我说‘劳动是快乐的’。”

作为班主任，小彤的表现让我感受到了家庭教育的影响力。怎样才能家校齐力，更好地促进孩子们的健康成长呢？我一方面在家长会上用小彤的事迹告诉家长要言传身教，培养孩子们各方面的良好习惯；另一方面召开了主题为“爸妈常对我这样说”的微班会。

课上，我先给同学们播放了一段课前录制好的视频：在一间简陋的出租屋里，一对母女正在收拾物品、打扫卫生。母女齐心，相互配合，没过多久——物品摆放整齐，地面清理干净，房间一下子就变得很温馨了！同学们看着这幅画面，情不自禁地发出“哇哇”的赞叹声，而这对母女正是小彤和她的妈妈。

看完视频，同学们纷纷向小彤投去赞赏的目光，可她说：“其实同学们也都能做到，我只不过是在妈妈的教育下先做了起来，养成了习惯，发现了快乐。”

我肯定了小彤的发言，告诉同学们，父母是我们人生中的第一位“老师”，对每一个人的成长都有着重要的影响。我还现身说法，因为自己的父母都是教师，常听父母说教师是一个让人年轻和幸福的职业，因此在大学毕业后我宁愿离开我居住已久的城市、来到这个乡镇，当起了小学教师。同学们听了，心灵受到了触动。于是我请每个同学都认真地回想——父母常常对自己说什么，说说自己最该牢记的是什么。

“我妈妈常叮嘱我要助人为乐。”小宁抢先发言。

“我爸爸常对我说做人要心胸宽广，吃点小亏没关系。”小涛说。

“我妈妈常对我说学习要自觉，要学思结合。”小涵说。

我频频点头，同学们争先恐后踊跃发言。突然，我发现坐在后排身体有点残疾的子龙几次欲言又止，就请他发言。子龙站起来对大家说：“我成绩不够好，但爸妈经常对我说，以后会赶上的。”

子龙的话音刚落，同学们都不约而同地鼓起了掌。我接着说：“同学们能把父母的教诲牢记在心，这点是值得肯定的。但不能仅满足于此，应该像小彤那样——既牢记在心，又用行动来践行。请同学们再仔细想一想，自己按照父母的嘱咐做了吗？”

教室里顿时安静了下来。

“老师，我做得还不够好，我在帮助别人时还不够有耐心。”小宁说。

“老师，小涛做到了，那天我借用了他的雨伞，但是我不小心把他的伞弄破了，小涛跟我说没关系。”雅妮的表扬，让小涛的脸上泛起了红晕。

同学们积极发言，不管是肯定或反省，是表扬或批评，大家的态度都是真诚的、友善的。

于是我做了总结：“同学们，大家都知道学校里有校训，其实在家里也有家训——父母常对子女说的话就是家训。耳提面命的家训、言传身教的家风，能滋润人的心灵，会让人终身受益！我们熟悉的丰子恺先生、全国人民热爱的习近平主席都有着良好的家风、家训。家训，就像一颗种子，一旦在我们的心田里扎根，就会发芽、开花、结果。让我们牢记爸妈常教导我们的话，努力做到、做好吧！”

第 34 招

学生也可挑重担

浙江武义县新纪元双语学校·廖晓敏

在上微班会的过程中，班主任往往处于决策和主导地位。班主任决定着微班会的选题、推进和总结整个过程。学生只是参与讨论，反思和改进自己的言行，是过程中的参与者。但是随着学生年龄的增长和自主意识的增强，越来越多的学生对主持微班会表现出了强烈的渴望与能力。如果我顺应他们的意愿，他们对微班会的积极性和主动性就会有很大的提高。同学们对主持人的投入和参与也会表现出更大的期待。沉浸式的过程参与有利于提升微班会的质量，有利于学生成长。因此，在小学三年级及以上的年级中，班主任应该让学生尝试“挑重担”，参与微班会的设计与开展工作。

然而学生毕竟是学生，有别于班主任相对宽阔的视野和相对成熟的组织协调能力，让学生在微班会上勇挑重担时应该注意以下事项：

首先，协助选好课题。学生在选题上难免有局限性，这就需要班主任协助把关，选取有意义或有针对性的话题开展微班会。学生可先进行微班会选题申报，班主任综合考虑择优选定话题，并进行公布。然后学生根据公布的选题再进行筹备。一个选题通常是由2～3个人组成的小组来完成后续工作的。班主任也可以公布选题，让学生根据选题进行承担申报。

其次，关注准备过程。当微班会选题确定后，就要针对这个选题开展准备工作，选取相应素材，设计活动环节，撰写主持稿，制作课件等。这一系列的准备对小学生来说难度比较大，因此要提供可行性指导方法以降低准备工作的难度。1.在围绕话题选取材料时，小组成员可以分工收集，从文字、视频、图片三个部分搜索相关的素材，再进行整理汇总。2.在设计活动环节时，班主任应多提供指导，可提供几个“活动设计小妙招”给学生参考。在这一环节中，小组可以开展讨论，并将活动环节的设计用思维导图的方式加以呈现，班主任可以相对直观地进行指导，给学生的活动设计把把关，从而设计出有梯度和有一定深度的活动。3.在撰写主持稿和制作课件的环节中，因为微班会时长只有10分钟左右，相比设计活动的环节，难度也有所降低。可以让小组内成员发挥自身的优势，撰写主持稿和制作课件，同时也可以在他们有困惑时寻求相应学科教师或者家长的帮助。

通过这种微班会的筹备，可以帮助学生加深对选题的理解，提高学生的综合能力。

再次，加强事先磨课。在微班会的主持和开展中，小组内成员要一起“磨课”，通过试讲的方式不断熟悉主持稿和活动环节。但对小学生来说，即使在熟悉微班会的前提下，临场的应变能力也是比较薄弱的。这就需要班主任参与“磨课”，多创设几个突发性情境，从而不断细化微班会的流程，使学生“有备无患”。

最后，相机热情补台。学生在主持微班会的过程中难免会出现差错，当学生因为自己原因出现差错时，班主任可以相机进行“补台”，或提词，或点拨，或调整，用自己的智慧巧妙地帮助学生推进微班会的进程。同时，在学生主持完微班会后，应对本次活动进行总结，多表扬，多鼓励，当然也可以提出建议，以促进学生更好地成长。

在这样的微班会设计和开展过程中，学生勇于挑起重担，对他们来说也是一种成长。在真实的场景中，让学生带着对“如何开好一个微班会”这样的驱动性问题进行深入持续的探索，助力学生创造性地解决问题，并形成公开的成果，这既是学生能力在新情境中的迁移，也是站在更高层面、更广范畴审视学生的综合能力，直抵素质教育的本质。如本文链接的微班会《我们的收获》中，班主任放手让学生自己主持微班会，让学生上台，这种做法不仅从内容和形式上丰富了微班会，更是对微班会意义的升华。学生兴致浓厚地分享着自己从准备到开展微班会的过程中的点滴与收获，从中可以看出他们对微班会的热情，也让学生多了新的出彩机会。

值得一提的是，班主任在这一过程中并不是“袖手旁观”，更多的是担任教练角色、导演角色。班主任对整个微班会的开展也起着不可或缺的指导作用。同时，在学生“挑重担”时，班主任还应该是记录者，将这些美好又难忘的过程以影像或文字的方式记录下来。也可以在后续的过程评价中，通过开展评优活动，如评选“最佳微班会”“最佳话题”等奖项，与同学们一起交流与总结活动经验，并通过一系列的评价方法，鼓励学生和奖励学生，让学生获得满满的成就感。

· 链接63 ·

我们的收获

（历练成长话题）

浙江武义县新纪元双语学校·廖晓敏

本学期，为了让更多的孩子积极主动地站到讲台上，成为微班会的小主人，在开学初，我便在班级里宣布了每周由学生轮流主持微班会的决定。我考虑让班上的每个孩子自由组合，自己选择身边的主题上台来讲。

一转眼两个多月过去了，我们班先后开展了“保护自然”“茶文化”“庆国庆”“九九重阳”等9期微班会。孩子们主持微班会时，我都会进行现场录像或拍照，然后把拍摄的素材整理后制作成视频，最后发送到家校群和朋友圈。这种方式得到了家长和同事的一致好评。

现在恰逢期中，我想正好可以让孩子们对之前主持的微班会做阶段性小结。于是我便着手准备这次阶段性小结微班会。我把之前拍摄的关于孩子们主持微班会的视频和照片剪辑在一起，以备课上使用。

在周五的微班会上，我刚走进教室，就微笑着对学生说：“孩子们，本学期的微班会从开始到现在，已经进行了9期，我把你们主持的画面都剪辑成了一个视频，我们一起来回顾一下吧！”说完，电视里就开始播放过往的微班会视频，一个又一个的镜头，一帧又一帧的画面，孩子们看得聚精会神。

“孩子们，一个个镜头仿佛又让我们来到了之前的微班会上。回顾之前你们自己主持的微班会，你们有什么想说的吗？”我向孩子们提问道。

小徐同学马上举手说：“我觉得我和木果是最有勇气的，因为我们是第一个报名的。虽然第一次的主持不够成熟，但在准备的过程中我们也付出了很多的努力。”听到小徐同学的发言，很多同学都点头表示赞同。

这时，小谢同学说：“在我看来，主持微班会的每位同学都付出了很大的努力。不论是PPT的制作还是准备的主持演讲稿，我都能感受到他们很用心。”

平时内向的小张同学也大声地说：“主持微班会的时候，我心里很紧张，然后突然想到电视里的一句话，把他们都当成南瓜，这样自己就不会紧张了。”孩子们哄然大笑，大家都被小张同学突如其来的幽默给逗乐了，话匣子也被打开了。

小金同学说：“我第一次讲的时候很紧张，手紧紧抓着衣角，额头也在冒汗。但第二次巩校长邀请我去她班上讲的时候，我就不那么紧张了。看来真的是‘一回生，二回熟’呀！”

小王同学跃跃欲试，说：“我觉得微班会拓展了我的知识面，比如听了茶文化的微班会，我不仅学会了如何辨别茶的种类，还知道了茶的许多用途。”

小梅同学举手说：“微班会让我掌握了新技能——制作PPT，而且在与同伴分工的过程中，我学会了沟通与合作，这对我来说很有帮助。”

听完孩子们的发言，我想这就是我想说的话吧。甚至，有些发言比我说得还要好！这种体验式的教育要比单纯的说教有效得多。

最后，木果同学的发言让我很感动，她说："廖老师，我们要感谢您。您除了教我们书本上的知识，更教会了我们生活的本领，让我们各方面的能力都有了很大的提高。面对主持微班会，我们从一开始的不敢、害羞与紧张，到现在的勇敢和自信，我觉得我们变得更加优秀了！谢谢您！"

原来，老师所做的一切，孩子们都懂，只是他们需要一个学习的平台，一个展示的机会，一个成长的空间。通过期中微班会的阶段性总结，我让孩子们更加理解了自己主持微班会的意义和目的，让每个孩子都能站在讲台上，让教育变得更加生动。我想，我会继续坚持将微班会的课堂交给孩子们，让每个孩子都能成为更好的自己。

第 35 招

他山之石可攻玉

黑龙江大兴安岭加格达奇区育才小学·单洪涛

班主任在举行微班会的过程中，由于时间有限，经常会出现一些问题，比如话题不能展开、讨论不够深入、活动不够有趣等问题。那么，怎样设计并上出精彩有效的微班会呢？我的建议是：他山之石可攻玉。

“他山之石可攻玉”出自《诗经·小雅·鹤鸣》，意思是说，别的山上的石头可以作为砺石，用来琢磨玉器。后来比喻他人的做法或意见能够帮助自己改正缺点或提供借鉴。

那么他山之石从哪里来？我们要怎样使用他山之石？

他山之石从哪里来？班主任研究微班会，也要注重平时的学习和积累。近些年来，许多老师对微班会的研究都非常重视，在不断的探索与实践中，也取得了一定的成效。我们可以学习丁如许老师主编的《魅力微班会》《创新微班会》《班会课就是要解决问题（初中卷）》《班会课就是要解决问题（小学卷）》和秦望和侯志强老师主编的《微班会创意设计与实施》等书籍。我们也可以订阅《德育报》《新班主任》等报刊。目前，《德育报》和《新班主任》这两家报刊都开设了微班会专栏，并经常推出新鲜的课例。老师可以通过这些课例了解全国中小学班会课专题研讨现场会的具体情况。全国中小学班会课专题研讨现场会是由班会课研究共同体着力打造的高端班会课研究会议，从2018年开始，每学期一次的会议都会有微班会的展示。老师可以关注“魅力班会课智库”“丁如许工作室”等微信公众号，然后在微信公众号上查看全国各地一线班主任的微班会课例。而本地本校班主任的模范微班会，也是我们可以借鉴的“他山之石”。

借鉴“他山之石”，首先要学习他人的长处。2019年冬季，我区名班主任工作室邀请丁如许老师授课。丁老师介绍了他们团队曾经上过的《走进春天》微班会。那节课着眼于学生的成长，以诗词微比赛的形式进行。从选题上看，是通过学习古诗词来传承中华优秀传统文化；从组织形式上看，采用了学生喜闻乐见的竞赛形式；从结构形式上看，结构紧凑，短小精悍。我校陈丽老师根据这些特点设计并实践了《冬之韵》一课（详见本文链接）。

借鉴“他山之石”时，老师一定要根据学情、班情而变化，不能简单地照搬照抄。我校陈丽老师的《冬之韵》参考《走进春天》，根据我校所在大兴安岭地区的特点，由“春”改为“冬”，给我留下了深刻的印象。我决定参照陈老师的《冬之韵》，也开一节与雪有关的微班会《冬雪》。于是，我找来了陈老师的教案和PPT，画重点、写流程、改课件，由小组赛诗、选择比较、飞花令对决这三个板块组成了微班会《冬雪》。其中对于飞花令对决，我们班的同学也从未体验过这种新形式。所以，在这节微班会上，我让孩子们开心地秀了一把。然后观看有关“雪”的剪辑版《中国诗词大会》。视频中，两位选手你来我往，如行云流水般脱口而出的诗句，震撼了孩子们的同时，也自然而然地让他们产生了热爱古诗词、学习古诗词的思想情感。

借鉴“他山之石”时，老师也要在借鉴的基础上进行适当的创新。在上《冬雪》时，我利用班级学习小组的作用，让学习小组去查阅相关资料，然后我对这些资料进行了比较和创新，最终决定将陈老师《冬之韵》的看图配诗环节改成小组诗朗诵比赛，小组诗朗诵比赛一开始，同学们便士气高涨，全身心地投入。直到班会结束，大家都觉得意犹未尽。可以说，这是一次非常成功的借鉴与创新了。

当然，我们也要尊重知识产权，在借鉴他山之石时，我们要在文中或文章结尾处做必要的说明，以表示对原作者的敬意和尊重。

实践证明：有的放矢地借鉴他人的经验，可以设计出简便易行、操作性强的微班会，达到事半功倍的效果。作为班主任，在设计、开展微班会时，要做“善鉴”的有心人，借助“他山之石”来开阔视野，提升能力，努力做好建班育人的第一要务。

·链接64·

冬之韵

（传统文化话题）

黑龙江大兴安岭加格达奇区育才小学·陈　丽

“同学们，不知何时，冬爷爷已经带着雪白的礼物悄悄地来到了我们身旁。现在正是我们的家乡大兴安岭最美的季节。今天我们以‘冬之韵’为题上一节微班会，好不好？”我笑着问道。

“好！”同学们一起欢呼起来。

于是，我出示了我们大兴安岭冬季美景的图片：林海雪原，瑞雪纷飞，银装素裹，雪景妖娆。同学们一边欣赏，一边赞叹："好美啊！"

"这么美的雪景，你们觉得还缺点儿什么吗？" 我问道。

吴雨辰举手回答："这几组雪景图真是太美了，如果要问还缺点儿什么的话，我觉得再配上音乐，一定会更美。"

"你的想法真不错。"我赞扬道，"再配上轻松愉快的音乐，一定能让我们更好地欣赏这美丽的雪景图。"

"老师，我觉得配上诗词，会更有意境。"马艺铭站起来回答。

这时王畅抢着说："我觉得综合你俩的意见，给雪景图配上音乐，再配上诗词，然后吟诵出来，这样就更有韵味了。"

"你们说得都很好！那咱们就来个班级诗词微比赛吧！首先是看图配诗。" 我高兴地称赞，随即出示了渔翁在雪天的江面上垂钓的图片。

"孤舟蓑笠翁，独钓寒江雪。" 张恒瑞大声地抢答。

"非常棒！再看这幅图。"我又出示了远处雪山近处泊船的图片。

"窗含西岭千秋雪，门泊东吴万里船。"同学们一起大声答道。

"很好！再看这幅图。"我出示墙角一枝寒梅的图片。

稍有思考后，禹权城回答："遥知不是雪，为有暗香来。"

"同学们，你们配得太好啦。这些诗句朗朗上口，或描绘雪景，或借景抒情，或直抒胸臆，真是'画中有诗，诗中有画'，相得益彰。”我感慨地继续说，“从古至今，许多诗人都留下了无数吟唱冬天景物的优美诗篇。他们斟酌用词，讲究立意，值得我们好好品读，细细欣赏。接下来，我们来做选择题，比较诗词中的情景，感悟诗词的魅力。请看题——”

投影上映现出题目：1.找出下列诗句中没有描写雪景的诗句：（　　）

A.大漠沙如雪，燕山月似钩。　B.六出飞花入户时，坐看青竹变琼枝。

C.不见杨柳春，徒见桂枝白。　D.撒盐空中差可拟，未若柳絮因风起。

董雅涵抢答道：“答案，A。”

“回答正确。A写的是大漠沙。请看第2题——2.毛泽东主席不仅是伟大的政治家、思想家、军事家，还是一位伟大的诗人。他非常喜欢古诗词，喜欢以古体诗词的形式抒情言志，尤其是对‘雪’情有独钟，留下了许多脍炙人口的壮丽篇章。以下诗句中哪一句是用以作比喻的诗句：（　　）

A.梅花欢喜漫天雪，冻死苍蝇未足奇。　B.风雨送春归，飞雪迎春到。

C.洞庭波涌连天雪，长岛人歌动地诗。　D.北国风光，千里冰封，万里雪飘。”

王若瑄答道：“应选C。”

“正确！两道选择题，就让我们感受到了诗词的魅力，中华文化博大精深，我们需要好好学习啊！从古至今，无数的文人墨客都曾以诗词来抒发对雪的喜爱和赞美之情。下面全班以中间为界分成两大组，轮流说出含有‘雪’的诗句，进行‘飞花令’的对决。”我提议道，“好不好？”

“好！”同学们大声响应，个个摩拳擦掌，跃跃欲试。

“遥知不是雪，为有暗香来。”第一大组刘亦彤抢先说出第一句。

“柴门闻犬吠，风雪夜归人。”第二大组温琮建不甘示弱。

“欲将轻骑逐，大雪满弓刀。”第一大组谢东轩紧跟上。

“千里黄云白日曛，北风吹雁雪纷纷。”第二大组徐北宁马上应道。

短暂的沉默后，“忽如一夜春风来，千树万树梨花开。”第一大组李俊欣挠挠头说。

“北风卷地白草折，胡天八月即飞雪。”第二大组王诗涵丝毫不给对手机会。

“同学们，你们的对决非常精彩。这说明大家平时注重积累，课前的准备也比较充分，由于时间关系，今天的比赛暂且告停。下面我请大家观看更为精彩的对决，思考我们可以从中学到什么。”在对决时同学们互不相让，考虑到微班会的时间有限，我及时叫停，然后播放了有关“雪”的剪辑版《中国诗词大会》。两位选手风度翩翩，胸有成竹，你来我往，高潮迭起。同学们赞叹不已，我趁势说：“请分享一下你们的感受。”

“他们胸有成竹，是因为平时的积累，我要向他们学习，多诵读古诗词。”李俊欣说。

“对答如流，一定是平时的积累。我也要多诵读课外的古诗词。”陈圆圆接着说。

“同学们说得很好！老师还想补充的是，两位高手之间的精彩对决，还缘于他们对诗词的热爱与理解。要学好诗词，不仅需要我们在课上认真地学习，还需要在课外认真地学习。”我总结道，“同学们，虽然这次微班会只用了10多分钟的时间，但是我相信大家都受益匪浅。通过这次活动，同学们对古诗词的背诵、对古诗词的学习、对我们祖国的传统文化有了进一步的认识和了解。老师希望同学们能把诗词诵读活动继续延续下去，通过诵读，通过积淀，感受诗词的韵味，感受中华传统文化的无穷魅力！”

第 36 招

潜心研究招无限

上海嘉定区苏民学校 · 陈蕾

怀着对班主任工作的热爱，我有幸在一次听课学习中认识了丁如许老师，报告中一节节精彩的小学微班会让我如沐春风，心灵为之震撼。从此，我便知道了“微班会”这个名称及其所带来的无穷魅力。更幸运的是，学校邀请丁老师担任我校班主任工作坊的导师。在丁老师的带领下，我们一起开展了以微班会为研究重点的班主任专业化发展研究。在研修中，丁老师常说的一句话是“要上好微班会，必须要加强研究”。他还进一步解释，何为研？就是要有开石的精神。何为究？就是要有持久的定力。只有潜心研究才能解决我们遇到的各种问题，才能掌握许多有效的方法。

确实，潜心研究我们就能探索出许多问题的有效解决方法。记得苏霍姆林斯基曾说过：“如果你想让教师的劳动能够给教师带来乐趣，使天天上课不至于变成一种单调乏味的义务，那你就应当引导每一位教师走上从事研究这条幸福的道路上来。”那么我们该怎样进行研究呢？在实践中，我认识到要注意以下几点。

一、问题即课题，积极研究微班会

问题即课题，在从事班主任的工作中我们常常会遇到许多问题。我们要把“问题”当作“课题”来研究。教育科研的过程就是不断发现问题和解决问题的过程。

在积极研究如何上好微班会的过程中，我遇到了很多问题，例如：如何解决微班会的时长问题？如何选择合适的微班会话题？如何写好微班会的教案？如何写好微班会的教育故事？我们把在实践中遇到的问题作为学习的动力和研究的切入点，从教育科研的角度，用严谨的态度重新审视教育教学过程，从而帮助我们发现问题，思考问题，不断改进问题。在积极研究微班会的过程中，我曾经迷茫过、困惑过，却从未想过放弃，因为研究需要“开石的精神”和“持久的定力”。

把问题当作课题来研究，使我认识到原来微班会还可以这样上。原来遇到问题迎难而上，多琢磨、勤实践，就是研究。

二、团队共成长，合作研究微班会

现如今，加强班主任队伍建设，成立工作室（坊）是当前班主任工作的重要组织形式和有效的方法，这已成为大家的共识。

我们紧扣研究力，抓住阅读力、思维力、写作力三个点，在每学期开展各具特色的“三个一”研究活动中，我们制定了一系列制度，如定期线下活动研修的制度、轮流上微班会的制度、交作业的制度、写优秀作业的制度、评比优秀学员的制度等。通过制度建设，加强规范管理，确保研究工作的顺利进行。而每次研讨时，大家都畅所欲言，交流碰撞出智慧的火花，保证了研究的质量。

在研究团队合作的过程中，我们时刻能感受到浓厚的学习氛围以及学习和思辨的乐趣。经过一年多的研修，工作坊已发表了20多篇研究成果，积累了40多个高质量的资料包，每个人都能充分感受到研究的乐趣。

三、拓展大舞台，深入研究微班会

在本文链接的文章中，谢瑞蕾老师说：“一个人可以走得很快，但一群人才可以走得更远。”这句话说出了我们的心声。

为了进一步深入研究，我们应该扩大自己的活动范围，抓住一切可以学习的机会，走出校园，和更多的团队一起学习，共同成长。拿全国班会课研究共同体来说，就是一个很好的学习载体和大舞台，还记得我和伙伴们怀着激动的心情远赴湖南岳阳举办的第十五届全国中小学班会课专题研讨现场会，我们在会上看到了优秀青年班主任专题论坛的生动发言，看到了班会课现场借班（本班）上课的精彩展示，看到了全国各地班主任在现场的说课交流，让我们更深刻地认识到微班会对于许多老师教学研究的重要性与紧迫性。回顾短短两天的参会学习，我感觉自己像是享受了饕餮盛宴一般，心情久久无法平静。许多老师盛赞这次会议，大家感慨“外面的世界很精彩”。

在潜心研究如何上好小学微班会的道路上，我的思想受到了洗礼、心灵受到了震撼、理念得到了革新。一分耕耘，一分收获，相信只要我们学习不止，研究不止，坚定目标，勇往直前，就一定会有无限的机遇与无尽的收获。

·链接65·

班会小白成长记

浙江武义县新纪元双语学校·谢瑞蕾

我叫谢瑞蕾，我的孩子们都叫我“阿谢”。五年前，我离开了大都市的写字楼，带着满满的教育情怀回到了家乡武义，成为武义县新纪元双语学校的一名小学教师，同时秉承着“爱，永不止息”的校训，开启了我的班主任生涯。

初出茅庐的我，对如何上好班会课，感到很迷茫。工作的前两年是我对班会课的摸索期，我只能多看书多学习，并在模仿中不断前进。而我的成长期，则是从三年前开始的。2019年7月，在学校的支持下，我被推荐参加丁如许工作室高研3期的学习，开启了为期两年的研究历程，开始了我的班会课研究的成长之路。

一、成长第一步：加入一个团队

高研3期的学习是充实的。每学期伊始，我们的导师丁如许老师都会要求我们做好一学期的工作安排，以便班会课的顺利开展。每个月我们都要召开网络会议，进行集体研修。在每学期的期末，我们还要上交一学期的工作总结，及时对自己的工作进行思考与总结。在导师丁如许老师的带领下，我积极参加每月一次的网络集中研讨活动。丁老师很是用心，每次研讨之前，他都会把学员们的作业发到微信群里，让我们提前了解各学员的研究成果，以保证研讨活动的顺利开展。而每次的研讨活动，都会有两个工作室进行工作汇报，让我们通过互相交流与学习的方式，引导我们深入研究，从而提升我们的教学能力。

高研3期的学习是扎实的。我们着重解决学生在成长过程中遇到的问题。丁老师认为要解决学生存在的问题，班会课是重要的抓手。他要求各工作室都要聚焦班会课的研究和微班会的研究。作为研究成果的展现形式便是作业，尤其是微班会教育故事的作业。每次研讨活动，丁老师都会及时点评我们的作业，准备推荐发表的作业更会仔细地批改，红色的是改笔，紫色的是修改建议，一丝不苟。这种认真严谨的态度促进了我们研究能力的提升。

高研3期的学习是务实的。我们的研修方式也很注意变化，并且也在不断地调整。丁老师调动了每个工作室领衔人的积极性，充分发挥团队的作用。在研修的第二年暑假开始时，每月作业的点评改为由两位领衔人轮流点评，再由丁老师补充点评，这样进一步激发了我们的学习主动性，使每位学员能积极主动地参与其中，让我们互相促进，共同成长。

二、成长第二步：进行班会实践

两年来，在丁老师的带领下，我积极开展了班会课的研究，尤其是微班会的研究。我明白了微班会的主题可以丰富多样，形式可以不拘一格，效果却会事半功倍。

1.丰富多样的主题

微班会主题的确立要有针对性。因为微班会的时间是有限的，所以它的切入点一定要小，要有目的地让学生了解某一个事实或解决某一个问题。

在微班会主题的选择上，（1）要紧扣社会时事的发展，及时培养学生爱党爱国的思想情感。比如，2021年1月10日是我国第一个人民警察节，为了让学生了解人民警察，感受人民警察的奉献精神，我就从人民警察的职业入手，开展了名为“向人民警察致敬”的微班会。通过观看微视频，让学生了解到原来人民警察的警种很多，职责广泛，责任重大，他们奋战在第一线，为国家的发展、为人民的幸福生活保驾护航，从而让学生感受到“人民警察为人民”的深切含义。（2）要紧扣班级学生的情况，引导学生树立良好的世界观、人生观和价值观。例如，我发现四年级的孩子受网络和社会环境的影响爱说一些脏话，于是我设计了“出口不成‘脏’”的微班会。我让学生换位思考，说一说自己听到脏话时的感受，让学生明白说脏话是一种不文明的行为，从而引导学生讲文明懂礼貌。

2.不拘一格的形式

微班会的组织形式是多样的。针对不同的主题，我们采取的形式可以是谈话式，可以是游戏式，也可以是演绎式。谈话式是在老师的主持下，学生围绕某个问题进行交流，剖析问题所在，并提出解决办法。游戏式是指让学生进行简单的游戏，获得体验感悟。例如，在“垃圾分类我先行”的微班会中，我设计了“垃圾分类”的小游戏。在轻松愉快的课堂氛围中，孩子们通过游戏，学会了正确分类垃圾的方法。而演绎式则是一种戏剧表演的形式，让孩子们通过角色扮演，明辨是非。

微班会的载体形式是丰富的。我们可以利用视频、图片、绘本故事等载体开展微班会。在我的微班会实践中，我特别喜欢利用微视频来开展微班会。例如，在微班会“夸夸我的好妈妈”中，我先让学生谈一谈自己妈妈的优点，再让学生观看了由迪士尼公司制作的动画短片《母亲节快乐》，利用视频中的温馨画面进一步唤起学生对母爱的感知，体会母爱的无私与伟大。

3.事半功倍的效果

微班会虽“微”，但它的作用可真不小。因为微班会“短、平、快”地聚焦某个具体的问题，所以能够获得事半功倍的效果。例如，在微班会“将‘光盘’进行到底”中，我只用了一张粮食被浪费的图片和一段关于一粒米是如何到达餐桌的微视频，就让学生深刻体会到“一粥一饭，当思来之不易”的含义，体会到“光盘”的重要意义，从而养成珍惜粮食、节约“光盘”的好习惯。

三、成长第三步：坚持实践研究

在高研3期学习的这两年里，是我作为班主任成长最快的两年，在导师丁如许老师的带领下，我对如何开展微班会有了更深一层的思考和感悟。有了一定的研究基础后，我又参加了高研4期的学习，继续班会课的研究。

在这两年多的时间里，我在《新班主任》《德育报》《中国教师报》等报刊和《班会课，就是要解决问题（小学卷）》一书中先后发表了20多篇班会课文章。这对我来说，是莫大鼓励。

“一个人可以走得很快，但一群人才可以走得更远。”“聚是一团火，散作满天星。”在这里我衷心地感谢高研3期、高研4期的团队，感谢丁老师的真挚付出，正是因为有了大家的支持、鼓励与肯定，我们这些年轻的班主任才能快速地成长。

还记得在第十五届全国中小学班会课专题研讨现场会的优秀青

年班主任论坛上，我做了《班会小白成长记》的汇报，作为点评嘉宾丁老师对我予以肯定并说道：谢老师生动汇报了她的成长经历和感悟。这个当年的班会小白，如今正积极地带动着同伴成长，已经成为一个温暖的大白。

今后我将和我工作室的老师们一起，更加积极地投入微班会的研究中来，让更多的老师在班会课研究中取得成功。我们会全力以赴，将班会课研究进行到底！

图书在版编目（CIP）数据

上好微班会的36招 / 丁如许主编. —长沙：湖南人民出版社，2022.11
ISBN 978-7-5561-3064-1

I. ①上… II. ①丁… III. ①班会—小学—教学参考资料 IV. ①G625.5

中国版本图书馆CIP数据核字（2022）第173018号

上好微班会的36招

SHANG HAO WEI BANHUI DE 36 ZHAO

主　　编：丁如许
出版统筹：陈　实
监　　制：傅钦伟
产品经理：冯紫薇
责任编辑：张玉洁
责任校对：陈卫平
特邀编辑：袁　婷
封面设计：许婷怡

出版发行：湖南人民出版社有限责任公司［http://www.hnppp.com］
地　　址：长沙市营盘东路3号　　邮编：410005　　电话：0731-82683357

印　　刷：长沙超峰印刷有限公司
版　　次：2022年11月第1版　　印　　次：2022年11月第1次印刷
开　　本：880 mm × 1230 mm　1/32　　印　　张：12
字　　数：253千字
书　　号：ISBN 978-7-5561-3064-1
定　　价：58.00元

营销电话：0731-82683348（如发现印装质量问题请与出版社调换）